FRIDA KAHLO
UNA VIDA ABIERTA

FRIDA KAHLO

UNA VIDA ABIERTA

Raquel Tibol

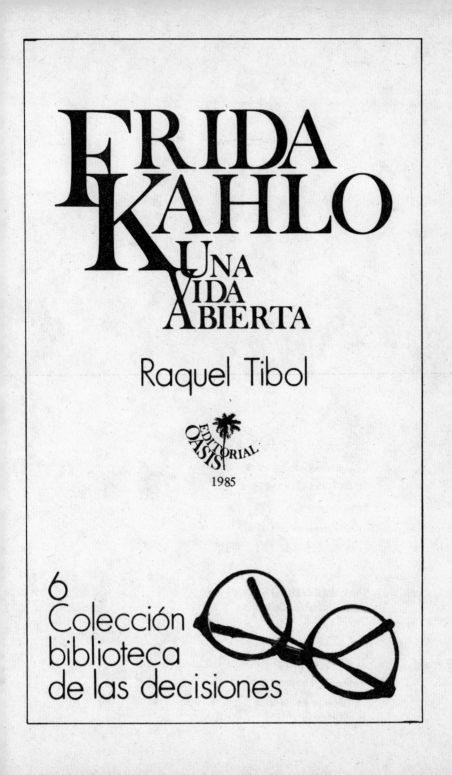

EDITORIAL OASIS

1985

6
Colección
biblioteca
de las decisiones

EDITORIAL OASIS

Primera edición, 1983

Segunda reimpresión, 1985

ISBN 968-6052-77-1

© 1983, EDITORIAL OASIS
Oaxaca 28, México, 06700, D. F.

Diseño:
GLYPHO
Taller de Gráfica, S. C.

Impreso en México
Printed in Mexico

Agradezco los documentos, fotografías y cartas de Frida Kahlo que con toda generosidad me proporcionaron Isabel Campos, Alejandro Gómez Arias, Henriette Begun, Marco Antonio Campos, Luis Mario Schneider, Ana María Montero de Sánchez, la Delegación de Coyoacán y Rolando Arjona, director de la Escuela Nacional de Pintura, Escultura y Grabado de la Secretaría de Educación Pública, así como la especial colaboración de Rodrigo Tinoco, jefe del Taller de Fotografía de esa escuela.

I PROEMIO

En la corta, insólita y rica vida de Frida Kahlo resaltan como
muy importantes los siguientes hechos: nació en la Villa de Coyoacán el 6 de julio de 1907; el 28 de junio de ese mismo año
había muerto en Purísima del Rincón, en Guanajuato, el notable retratista Hermenegildo Bustos; la presentó en el Registro
Civil su abuela Isabel González viuda de Calderón y le pusieron
por nombre Magdalena Carmen Frida; su padre Guillermo Kahlo
tenía entonces 36 años de edad y su madre Matilde Calderón
30; sus abuelos paternos, Jacobo Enrique Kahlo y Enriqueta
Kaufmann, ya habían muerto, lo mismo que el abuelo materno
Antonio Calderón, fotógrafo, igual que su padre. A los once
años la poliomielitis la baldó levemente y dejó su piernita derecha un poquito más corta y más delgada que la izquierda. Estudió en la Escuela Nacional Preparatoria cuando se desarrollaba
la primera etapa del muralismo mexicano. A los 18 años padeció
un gravísimo accidente del cual salió con la columna vertebral,
la pelvis y la matriz afectadas definitivamente. Contrajo matrimonio con Diego Rivera cuando ella tenía 22 y él 42 años de
edad. Vivió en el oeste y el este de los Estados Unidos desde
1930 a 1933. Conoció a André Breton cuando aún no terminaba la guerra civil en España y todavía no comenzaba la Segunda
Guerra Mundial. Sus primeras exposiciones individuales no fueron en México sino en Nueva York y en París. Fue maestra de la
Escuela Nacional de Pintura y Escultura de la Secretaría de Edu-

cación Pública. En los años de la guerra fría se sumó lo más activamente que pudo al contingente universal de luchadores por la paz.

El poeta Miguel Guardia escribió alguna vez que de Frida Kahlo podía "decirse poco: surrealista y no, inválida y no —Frida caminaba y se divertía como usted o como yo aunque a veces sufriera—, es una de las mujeres características de nuestro arte". Razón tenía Miguel Guardia al observar en su persona y su obra una ambivalencia imprecisa. Desacertado estaba al desvalorizarla a causa de esa ambigüedad. Además de una "mujer característica" del arte mexicano, Frida Kahlo es un ser singular en la historia de la cultura. El abordaje de su personalidad no admite una simpleza extrema. También podría decirse de Franz Kafka que fue un "hombre característico" de la literatura europea, aunque quizás sea más provechoso considerar su entrega a una profunda introspección.

En los cuadros de Frida el óleo se mezcla con la sangre de su monólogo interior. Sus problemas, demasiado particulares a pesar suyo, tienen por marco un ambiente como de corte de los milagros que Diego Rivera inventó para soportarse y ayudar a los demás a que se soportaran en toda la dimensión de su vitalidad.

Se ha dicho que Frida Kahlo no le debe nada a Diego Rivera porque nunca pintó como él, nunca pensó como él, nunca habló como él. En una corte de los milagros nadie debe nada a nadie porque ahí se goza el privilegio de la plena identidad. Al evocar el primer encuentro de ambos en la Secretaría de Educación Pública en 1928, Rivera contaba que Frida lo hizo bajar del andamio para consultarle si las pinturas que venía haciendo desde hacía unos dos años tenían la elemental calidad como para ser vendibles. "Soy simplemente una muchacha que necesita trabajar para vivir." Esto lo confirmó ella en más de una ocasión. En 1947, a poco de establecido el Instituto Nacional de Bellas Artes, el Departamento de Artes Plásticas, que jefaturaba entonces el pintor Julio Castellanos, presentó la exposición de cuarenta y cinco autorretratos de pintores mexicanos de los siglos XVIII al XX, en la que Frida participó. Para el bello catálogo diseñado por Gabriel Fernández Ledesma, con la sinceridad que la caracterizaba, ella escribió: "He pintado poco, sin el menor deseo de gloria ni ambición, con la convicción de, antes que todo, darme gusto, y después poder ganarme la vida con mi oficio."

Sobreponiéndose a innumerables desventuras físicas, elogiando la vida y burlándose de la muerte que la acechaba, y a la que a veces buscó tratando de suicidarse, Frida Kahlo logró prolongar su edad hasta los cuarenta y siete. Que vivió lo más que pudo queda demostrado por una fotografía que le tomaron cuando en silla de ruedas participó en la manifestación efectuada días antes de su muerte (acaecida el 13 de julio de 1954) para protestar por la caída del gobierno democrático de Jacobo Arbenz en Guatemala. Un saco de dolor, consciente de su prematura decrepitud, que sale a expresar su desacuerdo con el imperialismo y sus lacayos, en vez de encerrarse a gemir por su enorme desventura personal.

Como lisiado de guerra iba en silla de ruedas, con la pierna amputada, la columna vertebral rota, las carnes macilentas por prolongados encierros y muchos años de obligada permanencia en la cama. Convalesciente de una bronconeumonía y contraviniendo las órdenes del médico, no tuvo ánimo para dejarse adornar su melena con estambres de varios colores, como era su gusto y su costumbre, y se cubrió los cabellos opacos con un pañuelo arrugado. Su singular coquetería quedó circunscrita a los numerosos anillos que sus dedos ya sin fuerzas apenas podían aguantar. Esas manos fuertes de gruesas uñas, que Diego Rivera había pintado en 1928 en un muro de la Secretaría de Educación Pública, distribuyendo armas para la revolución popular. Lo idéntico en el retrato al fresco de la muchacha de 21 años y en la fotografía del reportero de prensa de la mujer que se ha marchitado prematuramente es la mirada. Ojos de fortaleza espiritual y de clara voluntad de lucha.

Frida Kahlo conocía muy bien el valor estético y humano de sus grandes ojos coronados por tupidas cejas que se unían conformando las alas de un pájaro en vuelo. Al pintarlos secos o lloviendo lágrimas, siempre los representaba fijos en el espectador, muy abiertos, desafiantes. El rostro siempre serio, grave. Fue

Rivera quien la dibujó sonriente para conmemorar el primer aniversario de su muerte. En un dibujo mexicanista la muestra como solía aparecer ante los demás: sonriente, juguetona, vital. Ella nunca se vio así, ni siquiera a los 37 años, cuando pintó la miniatura *Diego y Frida* para celebrar los quince de su casamiento con Rivera. Dos mitades de rostro forman una sola cabeza que se sostiene entre ramas como un nido. La mitad de él sonrié, la mitad de ella no. A los 37 años ella ya había atravesado el viacrucis de hospitales norteamericanos y mexicanos en busca de un hijo que su vientre nunca podría fecundar.

Frida y Diego se comprendían y se admiraban. Eran como dos fuerzas nutridoras e hicieron un pacto de amor en cláusulas tales que nadie sino ellos pudieron concebir y practicar. No tuvieron hijos y quizás por ello en los murales de Rivera aparece con frecuencia el rostro y la figura de Frida como militante, como coqueta prehispánica, como revolucionaria o recolectora de firmas para la paz; mientras que Diego niño, Diego obsesión, Diego desmenuzado y reestructurado se instala en las telas de Frida, verdaderos mosaicos donde cada corpúsculo de color es como una piedra preciosa engastada certeramente. Su compenetración espiritual fue profunda, compleja, morbosa podría decirse si la midiéramos con los parámetros de la moral en boga, hipócrita y represiva. Seguramente la unión se hizo más intensa en la tremenda sucesión de vivencias políticas de Rivera en las que Frida de una u otra manera se había visto implicada: expulsión de las filas del Partido Comunista en el año en que se casaron (1929), ruptura con Nelson Rockfeller a causa del rostro de Lenin pintado en el Rockefeller Center (1933), acercamiento a los trotskistas estadounidenses, ríspidas polémicas con los stalinistas tanto en los Estados Unidos como en México (1934-1935), ingreso a la Cuarta Internacional (1938), expulsión de las filas trotskistas debido al apoyo a la candidatura reaccionaria del general Andrew Almazán (1939) y, por fin, el reecuentro en San Francisco durante el destierro voluntario al que Rivera se acogió cuando Siqueiros y un grupo de sus correligionarios asaltaron la casa de Trotsky en México utilizando una camioneta propiedad de Rivera.

Pasadas las tormentas políticas que habían segregado en cierta forma a Rivera del medio cultural mexicano, Frida y Diego se asentaron en sus respectivos quehaceres con más estabilidad y militaron con auténtico fervor en contra del nazismo y en pro de la Unión Soviética durante los años de la Segunda Guerra Mundial, y al término de ésta y durante la guerra fría, en pro de una paz que garantizara la soberanía nacional y la emancipación económica.

Hay que prestar atención al hecho de que Rivera nunca catalogó a Frida entre los surrealistas. Por lo demás, hay pruebas irrefutables para demostrar que Frida se expresó dentro del surrealismo antes de conocer a André Breton y de viajar a París. Lo demuestran casi todos los dibujos y pinturas anteriores a 1938, año en que Breton la acoge en su reino escribiendo el artículo "Frida Kahlo de Rivera", que después de ser publicado en diversas revistas aparece en la edición corregida y aumentada de *Le Surréalisme et la peinture* (Gallimard, París, 1965). Rivera prefería siempre subrayar su peculiaridad. En 1953 me habló en Santiago de Chile de su "belleza mutilada" y precisó: "No es la tragedia la que preside la obra de Frida. Esto ha sido muy mal entendido por mucha gente. La tiniebla de su dolor sólo es el fondo aterciopelado para la luz maravillosa de su fuerza biológica, su sensibilidad finísima, su inteligencia esplendente y su fuerza invencible para luchar por vivir y enseñar a sus camaradas, los humanos, cómo se resiste a las fuerzas contrarias y se triunfa de ellas para llegar a la alegría superior, contra la cual nada prevalecerá en el mundo del futuro, donde el valor colectivo de la vida en conjunto hará surgir el verdadero periodo histórico y realmente humano de nuestra sociedad."

II APROXIMACIONES

¿Cómo era Frida? Era un reactor de alto potencial que emitía descargas constantes. Conocía la vivencia más profunda de eso que llamamos entusiasmo. Necesitaba la exaltación que se trenza con el amor, la alegría y la verdad. Ornamentaba la verdad, la inventaba, la desmenuzaba, la extraía, la provocaba; pero jamás la tergiversó. Era crédula; creía en la gente, en su palabra, en su historia, en su posibilidad, en sus sueños, en su calidad. Era celosa; celaba sus pasiones, su odio, su singularidad. Hizo de sí misma un motivo de admiración para los demás. Si en eso hubo vanidad, capricho, insolencia, nunca fue necia o soberbia. No conoció la humildad porque no conoció la resignación. Frida es una paradoja definitiva para ejemplificar el poder de la rebeldía ante el destino, del triunfo de una actitud, de la belleza del ser consciente, de la voluntad tendida como flecha contra un destino adverso.

Debido al pequeño defecto físico, secuela de la poliomielitis, los chicos de Coyoacán se burlaban de Frida; para sobreponerse al sufrimiento que esas burlas le producían, ella presumía haciendo por calles y jardines verdaderas acrobacias en bicicletas y patines alquilados. Delgada, ágil y algo amuchachada, gustaba de treparse a los árboles y saltar las bardas. Superando inhibiciones, extendió su radio de juegos y de aventuras. Como frecuentemente acompañaba a su padre para ayudarlo a cargar la cámara y asistirlo durante los ataques de epilepsia que él padecía, cono-

cía bastante la ciudad. Pero fue el ingreso a la Escuela Nacional
Preparatoria en San Ildefonso lo que la ubicó en el viejo barrio
estudiantil, barrio que no habría de gozar cuanto ella hubiera
querido. Su inteligencia, su vivacidad, su vocación por la medici-
na, carrera que muy pocas mujeres seguían entonces, le ganó
afecto entre los grupos estudiantiles. No pasaba inadvertida, se
hacía notar en medio de la ebullición creciente entre los prepa-
ratorianos. Era el tiempo en que la reacción comenzaba a movi-
lizar a los estudiantes para utilizarlos como fuerza de choque en
contra de los pintores muralistas. Claro que Frida no cerró filas
con quienes detractaban la decoración de los viejos patios y del
nuevo anfiteatro. A ella le gustaba la pintura. Su padre le había
enseñado a percibir valores artísticos en decoraciones de iglesias.
Desde muy pequeña había aprendido a manejar pinceles y a
copiar en dibujos conocidos grabados; hasta llegó a tomar algunas clases en el taller del grabador Fernando Fernández. El dibujo fue en un principio un complemento cultural como el idioma
alemán que estudiaba para dar gusto a su padre. De esos conocimientos rudimentarios partiría cuando pensó en la pintura
como un trabajo para ganarse la vida.

Frida inventó un modo de vivir en el que tenían lugar los juguetes: muñecas durmiendo en cajas de laca; muertes pendiendo
de los techos, las paredes y los muebles; muertes grandes trajea-
das con prendas populares, muertecitas de esqueleto articulado
en todos los ángulos de la cama donde Frida protestaba su horrible padecimiento y concertaba una pompa con joyas, bolas de
cristal, trajes bordados y tocados detonantes.

En 1946 la médica alemana Henriette Begun, radicada en
México desde 1942, hizo la siguiente historia clínica de Frida
Kahlo:

Frida Kahlo: Nacimiento 7 de julio de 1910. (Esta fecha erró-
nea la comenzó a usar Frida desde los años de su noviazgo ado-
lescente con Alejandro Gómez Arias, quien era un año menor
que ella pues había nacido en 1908). Padres muertos. Padre alemán, madre mexicana.
Padre: Ataques epilépticos desde los 19 años de edad; causa

Cristina Kahlo, Isabel Campos y Frida Kahlo el 28 de diciembre de 1919.

Las hermanas Kahlo: Cristina, Adriana, Matilde, Frida.

Las señoritas de Coyoacán fotografiadas por Guillermo Kahlo en la casa de Jacobo Valdés (1921?). La primera de derecha a izquierda es Cristina y la cuarta Frida. Las acompañan Lucha Valdés, Consuelo Navarro, las hermanas Canet (Etelvina, Monserrat y Lourdes), las hermanas Campos (Isabel y Antonieta), Ninfa Garza, Julieta García, Lupe Rubí, Consuelo Robledo y Paz Fariña.

Frida hacia 1926.

Autorretrato, 1926, óleo sobre masonite, 78 x 61 cm. Col. Alejandro
Gómez Arias.

Frida y Diego en la manifestación del Primero de Mayo de 1929.

Tablero *El Arsenal* del *Corrido a la Revolución* en los muros de la Secretaría de Educación Pública. Al centro Frida, al extremo derecho Tina Modotti y Julio Antonio Mella; al extremo izquierdo, David Alfaro Siqueiros.

Boceto para *La cama volando*, hecho en Detroit, 1932.

La cama volando, 1932, óleo sobre lámina, 30.5 x 38 cm. Col. Dolores Olmedo.

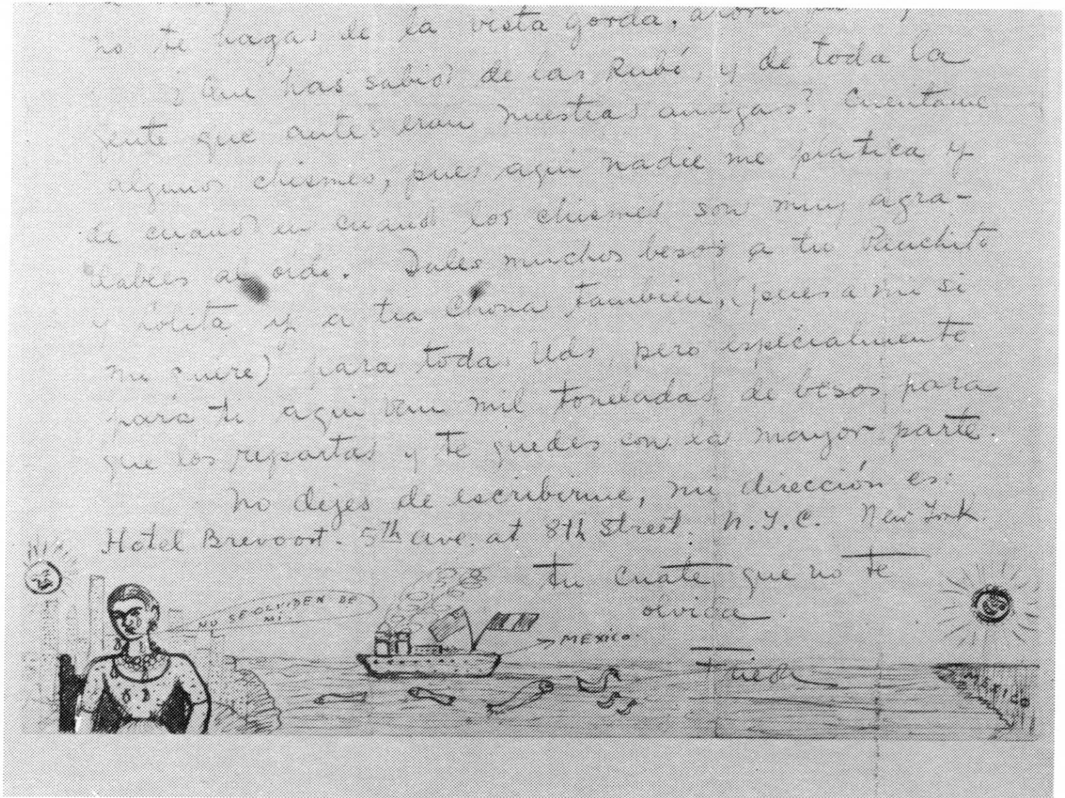

en ti largas de la vista gorda, acerca
¿qué has sabido de la Rubí, y de toda la
gente que están muy nuestras amigas? Cuéntame
algunos chismes, pues aquí nadie me platica y
de cuando en cuando los chismes son muy agradables al oído. Dales muchos besos a tu Panchito
y cuídate tú a tu Chana familia, para a ti
(tú sabes) para todas Uds. pero especialmente te
para ti aquí tan mil toneladas de besos para
su las repartas y te quedes con la mayor parte.
No dejes de escribirme, mi dirección es:
Hotel Brewoort. 5th ave. at 8th Street. N.Y.C. New York.

tu Cuata que no te
olvida

NO SE OLVIDEN DE MI

→ MÉXICO

Faro

ESTATUA

Parte final de la carta enviada el 16 de noviembre de 1933 a Isabel Campos, escrita en el Hotel Brewoort de Nueva York.

Mis abuelos, mis padres y yo, 1936, óleo y témpera sobre lámina, 30.5 x 34 cm. Col. Museo de Arte Moderno de Nueva York.

Boceto para *Recuerdo de la herida abierta*, 1938, dibujo a tinta, 38 x 30 cm. Col. Isolda Pinedo Kahlo.

La herida abierta, 1938, óleo.

Trotsky entre Frida Kahlo y Natalia Sedova. Rivera, sentado en el extremo izquierdo.

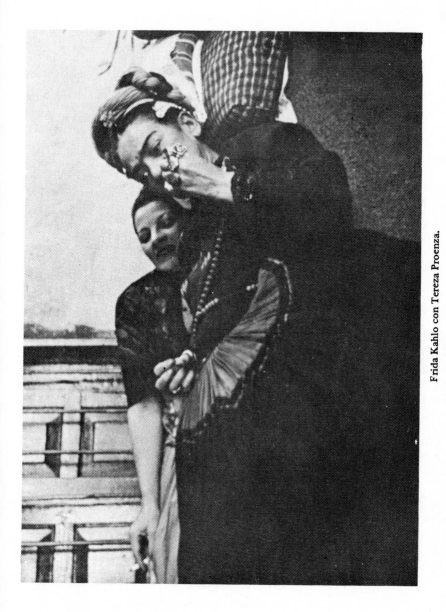

Frida Kahlo con Tereza Proenza.

Cortándome el pelo con unas tijeritas, 1940, óleo sobre tela, 40 x 28 cm.
Col. Museo de Arte Moderno de Nueva York.

aparente trauma producido por caída. Murió a los 74 años por síncope cardiaco. Un año antes de morir algunos médicos diagnosticaron cáncer de vejiga, pero no se confirmó.

Madre: Sana aparentemente. Cinco hijos, uno muerto al nacer. A los 45 años (menopausia?) padeció por el resto de su vida ataques semejantes a los del padre. Murió a los 59 años en una operación de vesícula. Medio año antes de morir, cáncer de seno.

Abuela materna: Cáncer en un ojo. Murió de vejez, oclusión intestinal.

Abuelo paterno: Murió de tuberculosis pulmonar.

Tío materno: Tuberculosis galopante. Murió a los 23 años.

Otro tío materno: Murió de tuberculosis hepática a los 43 años.

Dos medias hermanas (de padre): Histerectomía total, una por cáncer de matriz, otra por quistes.

Hermana mayor: Histerectomía total por quistes, esterilidad. Lesión cardiaca.

Segunda hermana: Ovariectomía por quistes. Insuficiencia ovárica. Tres abortos espontáneos a los meses y medio de embarazo.

Tercer hermano: Muerto de neumonía a los pocos días de nacido.

Hermana menor: Dos hijos normales. (Unica de las hermanas que tuvo partos normales). A los 29 años de edad se le practicó cistectomía y resección de parte del pancreas (Dr. Gustavo Baz).

Antecedentes personales

1910-1917: (Se vuelve a mencionar la fecha de nacimiento alterada por la propia Frida). Nacimiento normal. Durante este periodo: sarampión, varicela, amigdalitis frecuentes, desarrollo y peso normales.

1918: Golpe en pie derecho con un tronco de árbol; a partir de entonces, atrofia ligera en pierna derecha con ligero acortamiento y pie desviado hacia afuera. Algunos médicos diagnosticaron poliomielitis, otros "tumor blanco". Tratamiento: baños de sol y calcio. Sin embargo la enferma hizo durante este tiempo vida normal, deportes, etc. Mentalidad normal. No sintió nunca dolores ni molestias.

1925: Menarquia. Normal. (No sería muy normal haber comenzado a menstruar a los 18 años).

1926: (El accidente del que se habla a continuación ocurrió en 1925 según se puede comprobar por las cartas enviadas a Alejandro Gómez Arias). Accidente que produce: fractura de tercera y cuarta vértebras lumbares, tres fracturas en pelvis, (once) fracturas en pie derecho, luxación de codo izquierdo, herida penetrante de abdomen producida por un tubo de hierro que entró por cadera izquierda saliendo por el sexo, rompiendo labio izquierdo. Peritonitis aguda. Cistitis con canalización por bastantes días. Encamada en la Cruz Roja por tres meses, la fractura de columna pasó desapercibida por los médicos hasta que la enferma fue atendida por el doctor Ortiz Tirado, quien ordenó la inmovilización con un corsé de yeso durante nueve meses. A los tres o cuatro meses de llevar el corsé de yeso la enferma sintió de repente "como dormido" todo el lado derecho durante una hora o más, cediendo este fenómeno con inyecciones y masajes, no volviéndose a repetir. Cuando le quitaron el aparato de yeso reanudó su vida "normal", pero a partir de entonces tiene ya la "sensación de cansancio continuo" y a veces dolores en la columna y pierna derecha, que no la dejan ya nunca.

1929: Matrimonio. Vida sexual normal. Embarazo en el primer año de matrimonio. Aborto provocado por el doctor J. de Jesús Marín (hermano de Lupe Marín, de quien Rivera se separó poco antes de casarse con Frida), por mala formación pélvica. Análisis de Wasserman y Kahn negativos. Sigue cansancio constante y pérdida de peso.

1931: En San Francisco, California, es reconocida por el doctor Leo Eloesser. Se le practicaron diversos análisis, entre ellos Wasserman y Kahn, resultado éstos ligeramente positivos. Se instauró el tratamiento por Neo durante dos meses sin terminarlo. No se le analizó líquido cefalorraquídeo. Se repitieron los análisis de Wasserman y Kahn resultando negativos. En esta época aumenta el dolor en el pie derecho, aumenta considerablemente la atrofia en pierna derecha hasta el muslo, se retraen los tendones de dos dedos del pie derecho, dificultando mucho el caminar normalmente. El doctor Leo Eloesser diagnostica deformación congénita en columna, dejando como secundarias las causas del accidente. Se toman radiografías que acusan escoliosis considerables y aparente fusión de la tercera y la cuarta lumbares con desaparición del menisco intervertebral. Análisis del líquido cefalorraquídeo: negativo. Wasserman y Kahn: negativos. Investigación de Koch: negativo. Sigue como siempre la sensación de cansancio en columna. Aparece una pequeña úlcera trófica en pie derecho.

1932: En Detroit, Michigan, es atendida por el doctor Pratt del Hospital Henry Ford, del segundo embarazo (cuatro meses), habiendo tenido un aborto espontáneo a pesar de recurrir al reposo y varios tratamientos. Se repiten los análisis Wasserman y Kahn: negativos; de líquido cefalorraquídeo: negativo. La úlcera trófica continua a pesar de tratamientos.

1934: Tercer embarazo. A los tres meses, el doctor Zollinger, en México, provoca el aborto. Laparatomía exploradora: ovarios con infantilismo. Apendicectomía. Primera operación de pie derecho: extirpación de cinco falanges. Cicatrización lentísima.

1935: Segunda operación de pie derecho, encontrando varios sesamoideos. Cicatrización igualmente lenta. Dura casi seis meses.

1936: Tercera operación del pie derecho: extirpación de sesamoideos. Además se practica simpatectomía periarterial. Cicatrización igualmente lenta. La úlcera trófica persiste. A partir de entonces: nerviosismo, anorexia, y sigue cansancio en columna con alternativas de mejoría.

1938: En Nueva York ve especialistas de huesos, de nervios, de piel y sigue en el mismo estado hasta que ve al doctor David Glusker quien logra cerrar la úlcera trófica con tratamientos eléctricos y otros. Se forman en la planta del pie (lugares de apoyo) callos gruesos. Nuevos análisis: negativos. Kahn y W.

1939: París, Francia. Coliobacilosis renal, con fiebres altas. Continúa cansancio en columna. Por desesperación ingiere grandes cantidades de alcohol (casi una botella de cognac diaria). A finales de este año tiene dolores intensísimos en la columna vertebral. Atendida en México por el doctor Farill, la deja en reposo absoluto, con peso de veinte kilogramos para extensión columna. La visitan varios especialistas aisladamente; todos aconsejan operación de Albee; incluso el mismo doctor Albee por carta aconseja lo mismo. Se oponen a esta operación los doctores Federico Marín (otro de los hermanos de Lupe Marín) y Eloesser. Aparece afección de hongos en dedos de la mano derecha.

1940: Es trasladada a San Francisco, California. La trata el doctor Eloesser: reposo absoluto, sobrealimentación, prohibición de bebidas alcohólicas, electroterapia, calcioterapia. Segunda punción cefalorraquídea: negativa. Introducción de liopodol para radiografías. Se restablece un poco y vuelve a hacer vida más o menos normal.

1941: Vuelve a sentirse agotada, con el cansancio continuo en la espalda y dolores violentos en las extremidades. Pérdida de peso, astenia y desarreglo menstrual. Ve al doctor Carbajosa quien instaura tratamiento hormonal, ayudando mucho a regular menstruación, y hace desaparecer la afección de la piel en los dedos de la mano derecha.

1944: Sigue aumentando en estos años de manera definitiva el cansancio, los dolores en columna y pierna derecha. Visitada por el doctor Velasco Zimbrón se le ordena reposo absoluto, corsé de acero, sintiéndose al principio de llevarlo más cómoda, sin que por esto desaparezcan los dolores. Cuando alguna vez se quita el corsé siente la falta de apoyo, como si no pudiera sostenerse a sí misma. Sigue la inapetencia absoluta, con pérdida rápida de peso, seis kilos en seis meses; siente debilidad, mareos y se ve obligada a guardar cama, comprobándose febrícula vespertina (37.5 hasta 37.9). Se consulta a varios médicos. En la junta del doctor Carbajosa con el doctor Gamboa se inclinan a pensar en un proceso fímico. Aconsejan nueva punción raquídea con fines diagnósticos y reposo absoluto con sobrealimentación. Visitada por el doctor Ramírez Moreno, éste se inclina por el diagnóstico de lues, instaurando un tratamiento de transfusiones de sangre (ocho de 200 cc.), baños de sol y sobrealimentación. El estado de la enferma sigue empeorando. Se le aplica bismuto. Su estado general sigue peor. El doctor Carbajosa insiste en proceso fímico. Consultan al doctor Cosío Villegas, quien parece confirmar el diagnóstico del doctor Carbajosa con el cuadro clínico. Tratamiento: reposo absoluto, antígeno metílico,

calcio y sobrealimentación. El doctor Zimbrón repite análisis y
examen radiográfico, punción lumbar con introducción de lapi-
dol (tercera vez). Inoculación en cuyo, resultado negativo. La
visita el doctor Gea González quien opina que coexisten un proceso fímico y uno luético. Pide examen de fondo de ojo para
instaurar tratamiento por arsenicales y tratamiento general para
el proceso fímico. Nuevas radiografías en el gabinete del doctor
Velasco Zimbrón, quien llega a la conclusión que debe hacérsele
a la enferma una lamienectomía y un injerto en columna (operación de Albee). El resultado del examen de fondo de ojo fue:
hipoplasia papilar. No se opera.

1945: Por primera vez en todos estos años se considera necesario nivelar el zapato del pie derecho (dos centímetros) para
regular el acortamiento de la pierna. Se le vuelve a poner corsé
de yeso (doctor Zimbrón), que no resiste sino unos cuantos
días, por dolores intensos en columna y pierna. Las tres veces
que se ha hecho la punción cefalorraquídea se inyecta lipiodol,
que no se ha eliminado y que provoca una tensión craneana más
elevada de la normal, produciendo dolores continuos en la nuca
y columna, generalmente sordos y más fuertes cuando hay exci-
tación nerviosa. Estado general agotado.

1946: El doctor Glusker la visita, aconsejándole vaya a Nueva
York a ver al doctor Philip D. Wilson, cirujano especialista en
operaciones de columna. Sale en el mes de mayo para Nueva
York. Examinada cuidadosamente por el doctor Wilson y por
especialistas de nervios, etc., opinan que es urgente y necesaria
una fusión espinal, la que se practica por el doctor Wilson en el
mes de junio de este año. Se fusionan cuatro vértebras lumbares
con la aplicación de un injerto de pelvis y una placa, de quince
centímetros de largo, de vitalio, quedándose en cama durante
tres meses. La enferma se recupera de la operación. Se le aconseja llevar un corsé de acero especial durante ocho meses y llevar
una vida calmada y de reposo. Los tres primeros meses después
de la operación se nota franca mejoría. A partir de entonces la
enferma no puede seguir las instrucciones del doctor Wilson, no
convaleciendo en forma debida, llevando una vida llena de agita-
ción nerviosa y de poco reposo. Se vuelve a sentir con el mismo

cansancio de antes, con el dolor de nuca y columna y con astenia y pérdida de peso. Anemia macrocítica. Aparecen de nuevo
los hongos en mano derecha. Estado nervioso pésimo y de gran
depresión.

Pese al enorme sufrimiento físico que esta historia clínica
contiene, Frida Kahlo demostró con su existencia y su obra que
las taras sociales son mucho más agobiantes que las taras físicas.
Le dio la razón a Carlos Marx, aunque también se la dio a Freud
y a Jeremías, y pasó sus cuarenta y siete años cantando cuando
tuvo voz, bailando cuando tuvo piernas, gritando cuando tuvo
ira, y diez días antes de morir me hizo, sin suponer que sería
real, un relato simbólico de su fin.

Hacía más de un año que Frida no pintaba, cuando en la pri-
mavera de 1954, queriendo recuperarse de la tortura impuesta
por la amputación que poco antes se la había hecho de la pierna
derecha, con el consiguiente descontrol anímico, tomó nueva-
mente los pinceles y en un trozo de madera se pintó ella misma
parada vigilante junto a un horno de ladrillo que parecía un horno crematorio. Su estilo plástico, siempre esplendoroso y sexua-
lisado, se había agrisado en aquel cuadro; no mostraba esa
superficie como pulida de sus pinturas más bellas, sino un em-
paste modelado con ansias de escultor. Su persona aparecía con
la rigidez de una muertecita de papel y carrizo, vestida con rebozo y pantalón de mezclilla. Cierta noche del siguiente verano me
quedé en su casa de Coyoacán acompañándola una vez más,
como lo había hecho en otras oportunidades. Al despertar me
pidió que le alcanzara el cuadro en proceso. Lo miró somnolien-
ta, aturdida y triste.

—¿No has visto el otro? Es mi cara dentro de un girasol. Me
lo encargaron. No me gusta la idea; me parece que estoy ahogán-
dome dentro de la flor.

Lo busqué y se lo traje. Era apenas un poco más grande que
el primero y también estaba empastado con violencia; pero en
éste todo giraba, todo era afirmativo, todo emergía atrayendo
y emocionando. Irritada por la energía vital que irradiaba de
un objeto creado por ella y que ella en sus movimientos ya

no poseía, tomó una cuchilla michoacana de filo recto y un refrán grosero grabado en la hoja, y sobreponiéndose a la laxitud producida por las inyecciones nocturnas, con lágrimas en los ojos y un rictus de sonrisa en sus labios trémulos, se puso a raspar la pintura lentamente, demasiado lentamente. El ruido del acero contra el óleo reseco creció como una queja en la mañana de ese espacio de Coyoacán donde ella había nacido. Raspó anulándose, eliminándose, destruyéndose, como en un ritual de autosacrificio.

Al salir el 14 de julio de 1954 del crematorio del cementerio civil de la ciudad de México, después de hacer guardia dos horas y media junto al horno donde el cuerpo de Frida quedó convertido en un montoncito de huesos calcinados, mientras los presentes, dirigidos por Concha Michel, entonaban *La Internacional*, canciones revolucionarias y corridos, me contaba David Alfaro Siqueiros, que había permanecido frente a la boca del horno y vio cómo el fuego fue envolviendo su maravillosa elegancia de tehuana: "Cuando la plancha que sostenía su cuerpo comenzó a entrar, y las llamas encendieron sus cabellos, su rostro apareció como sonriente dentro de un girasol." Una casualidad o una premonición muy propia de Frida, que amaba los poemas de Li-Tai-Po e hizo del ojo alerta de la sabiduría su escudo y su señal.

Cuando Frida murió se cumplían veinticinco años de su unión con Diego, veinticinco años de una pasión que conoció el equilibrio entre la conmiseración y la crueldad, entre la honradez y la mistificación. Diego tuvo en su amor el genio suficiente como para alimentar en Frida las ganas de vivir y de ser. Abrevándose en ese sustento Frida creció frondosa y abrazó a Diego tiernamente. Espiritual y alegóricamente Frida nació de Diego. Hija y madre, origen y consecuencia. Del fuego maternal de Frida surgió otro Diego, Amigo Saporrana, sacerdote de humoradas, gracias al cual la vida se reconfortaba y no desfallecía. Ambos sintieron la existencia como un acontecimiento incesante, forzaron ciertos límites, rompieron ciertas normas. Ese anhelo de libertad jamás saciado lo expresó Frida, muy en su estilo,

en las páginas del diario que escribió y dibujó en sus largas
horas de soledad:

"Yo quisiera poder ser lo que me dé la gana —detrás de la cor-
tina de la locura: arreglaría las flores, todo el día; pintaría el
dolor, el amor y la ternura, me reiría a mis anchas de la estupidez de los otros y todos dirían: pobre, está loca. (Sobre todo
me reiría de mí). Construiría mi mundo que mientras viviera estaría —de acuerdo— con todos los mundos. El día o la
hora y el minuto que viviera sería mío y de todos. Mi locura no
sería un escape de 'trabajo' para que me mantuvieran los otros
con su labor."

"La revolución es la armonía de la forma y el color y todo
está y se mueve bajo una ley: la vida. Nadie se aparta de nadie.
Nadie lucha por sí mismo. Todo es todo y uno. La angustia y el
dolor y el placer y la muerte no son más que un proceso para
existir. La lucha revolucionaria en este proceso es la puerta
abierta a la inteligencia."

"Niño amor. Ciencia exacta. Voluntad de resistir viviendo,
alegría sana. Gratitud infinita. Ojos en las manos y tacto en la
mirada. Limpieza y ternura frutal. Enorme columna vertebral
que es base para toda la estructura humana. Ya veremos, ya
aprenderemos. Siempre hay cosas nuevas. Siempre ligadas a las
antiguas vivas. Alado, mi Diego, mi amor de miles de años."

Varios factores concurrieron a una especie de madurez precoz
en la muchachita de Coyoacán. Su madre, Matilde Calderón y
González, cristiana muy devota, no la pudo amamantar pues
muy pronto volvió a quedar embarazada. La cuarta y última hija,
Cristina, fue sólo once meses menor que Frida, nació el 7 de junio
de 1908. En el cuadro *Mi nodriza y yo*, de 1937, Frida se representa con cara de adulta y cuerpo de bebé en brazos de una
nana-diosa, con un seno floral en corte anatómico, que es suc-
cionado por la criatura, mientras que del otro pezón escurren
gotas de leche. Ambas figuras parecen emerger de la superficie
del cuadro y ofrendarse al espectador en gesto ritual. El clima
místico o mágico se acentúa debido a la máscara teotihuacana

que cubre el rostro de la nodriza, ente simbólico de las esencias
aborígenes que en la sangre de Frida se mezclaban debido a su
abuelo Antonio Calderón, indígena de Michoacán. La máscara
de piedra, relacionada con el culto de los muertos, aparece en
este cuadro como dádiva de vida. Las pupilas huecas, los labios
entreabiertos, la solemne rigidez parecen garantizar la eternidad
del ciclo vital. Esta preocupación por el desarrollo sin fin de la
vida ocupará otra vez su fantasía en 1949, cuando pinta *El abrazo de amor entre el Universo, la Tierra, yo y Diego*, imagen de
una cosmogonía ingenua y esencial. Aquí el bebé con cara de
adulto y tercer ojo de la sabiduría en la frente es Diego Rivera.
Frida se autorretrató como intentando brindar al pequeño un
abrazo maternal, pero es la nodriza cósmica, grande como una
montaña, de cuyos pechos erosionados crecen árboles, quien en
verdad lo sostiene. El rostro hierático de la nana-Tierra no está
enmascarado. La máscara de la eternidad la tiene el Universo,
con sol oscuro y luna clara que cruzan sus luces sobre los enormes brazos simbólicos del día y la noche. Este múltiple abrazo
no se da como algo dichoso. Frida lo expresa como una deter-
minación dolorosa. Esto puede descifrarse a través de un cielo
tormentoso, en planos cargados de tristes presagios, planos-signo
que aparecen en cuadros como *Las dos Fridas* (1939), el autorretrato con "la imagen del espejo" de 1937, *Raíces* (1943), el
autorretrato con traje de hombre y pelo a la garzón de 1940
(*Cortándome el pelo con unas tijeras*), que lleva con todo y
música estos versos: "Mira que si te quise fue por el pelo; ahora
que estás pelona ya no te quiero". Planos de tristeza inconsola-
ble, desolación y aridez aparecen asimismo en *Arbol de la esperanza mantente firme* (1946), *A mí no me queda ya ni la menor
esperanza... todo se mueve al compás de lo que encierra la
panza* (1945) o *La columna rota* (1944).

Orgullosa fue su reacción ante la adversidad. Coqueta y extremadamente sentimental, si las circunstancias le impedían
explotar sus encantos femeninos, retaría a la suerte vistiéndose
de hombre para reafirmar su fortaleza y para esconder defectos
físicos y aparatos ortopédicos. Difícil resulta reconocerla con
sus atuendos masculinos, bastoncito chaplinesco y cabellos cor-

titos y engominados, en fotografías que le tomaron junto a sus hermanas, amigas y parientes entre 1926 y 1927.

El proceso de asumir su nueva condición corporal debe haber concidido con una evidente radicalización de sus ideas con respecto a la sociedad mexicana, pues ya en 1928 Diego Rivera la representa en papel protagónico en el tablero titulado *El arsenal*, de la Secretaría de Educación Pública, tablero situado al término y como remate de *El corrido de la Revolución*, la pintura mural del último piso, donde dijo en imágenes que no basta con criticar las lacras de la burguesía dependiente, corrupta y explotadora; hay que tomar y repartir las armas de la revolución popular.

El atuendo masculino fue para la Frida de veinte años como un estandarte de su autodeterminación. Al adoptarlo quizás pensó en George Sand o en Rodolfo Valentino. Se antoja suponer que combinó la actitud de ruptura de la baronesa "liberada" con el galán a quien los afeites cinematográficos conferían cualidades andróginas.

Al regresar a México después de quince años de estancia en Europa, Rivera se había vuelto un devoto de la mujer inconfudiblemente mexicana y exaltaba hasta la euforia el señorío de algunos atuendos regionales, principalmente el de la tehuana. Con afecto juguetón, no exento de picardía, convenció a Frida para que sustituyera las prendas de hombre por trajes de mestiza o de indígena. Difícil resultó a partir de entonces imaginar a Frida fuera de sus vestidos mexicanos. El de tehuana supo lucirlo con la más soberana elegancia. Mas en el lenguaje del vestido y a nivel de relaciones de pareja, su aparente tipismo fue considerado por ella como una concesión a Rivera, una especie de lazo de unión. Tanto así que fue en periodo de distanciamiento, formalizado por el divorcio, cuando se pinta vestida de hombre, peinada a la garzón y rodeada de todo el cabello que una tijera sadomasoquista había dispersado con furia.

Se comprende mejor la singular relación entre Diego y Frida cuando se leen las expresiones de intensa ternura que aparecen una y otra vez en el *Diario* que ella llevó sin disciplina pero con apasionada sinceridad:

"Diego, nada comparable a tus manos ni nada igual al oro verde de tus ojos. Mi cuerpo se llena de ti por días y días. Eres el
espejo de la noche. La luz violeta del relámpago. La humedad
de la tierra. El hueco de tus axilas es mi refugio. Mis yemas
tocan tu sangre. Toda mi alegría es sentir brotar tu vida de tu
fuente-flor que la mía guarda para llenar todos los caminos de
mis nervios que son los tuyos."

"Diego. Verdad, es muy grande, que yo no quisiera ni hablar,
ni dormir, ni oír, ni querer. Sentirme encerrada, sin miedo a la
sangre, sin tiempo ni magia, dentro de tu mismo miedo, y dentro de tu gran angustia, y en el mismo ruido de tu corazón.
Toda esta locura, si te lo pidiera, yo sé que sería, para tu silencio, sólo turbación. Te pido violencia en la sinrazón y tú me das
gracia, tu luz y calor. Pintarte quisiera, pero no hay colores por
haberlos tantos, ni mi confusión, la forma concreta de mi gran
amor."

"Nunca he visto ternura más grande que la que Diego tiene
y da cuando con sus manos y sus bellos ojos toca las esculturas
del México indio. Nadie es más que un funcionamiento, o parte
de una función total. La vida pasa y da caminos que no se recorren vanamente. Pero nadie puede detenerse libremente a jugar
en el sendero, porque retrasa o transforma el viaje atómico y
general. De allí viene el descontento, de allí la desesperanza y la
tristeza. Todos quisiéramos la suma y no el elemento número.
Los cambios y la lucha nos desconciertan, nos aterran por constantes y por ciertos; buscamos la calma y la paz porque nos anti-
cipamos a la muerte que morimos cada segundo. Los opuestos
se unen y nada nuevo ni arrítmico descubrimos. Nos guarecemos
en lo irracional, en lo mágico, en lo anormal, por miedo a la
extraordinaria belleza de lo cierto, de lo material y dialéctico,
de lo sano y fuerte. Nos gusta ser enfermos para protegernos.
Alguien —algo— nos protege siempre de la verdad; nuestra
propia ignorancia y nuestro miedo. Miedo a saber que no somos
otra cosa que vectores-dirección, construcción y destrucción
para ser vivos y sentir la angustia de esperar el minuto siguiente
y participar en la corriente compleja de no saber que nos dirigi-
mos a nosotros mismos a través de millones de seres-piedras, de

seres-aves, de seres-astros, de seres-microbios, de seres-fuentes.
Nosotros mismos: variedad del uno, incapacidad de escapar al
dos, al tres, al etc. de siempre para regresar al uno. Pero no a la
suma (llamada a veces dios, a veces libertad, a veces amor). No,
somos odio, amor, madre, hijo, planta, tierra, luz, rayo, etc.
Siempre mundo dador de mundos, universos y células universos. Ya."

"Nadie sabrá jamás cómo quiero a Diego. No quiero que nada
lo hiera, que nada lo moleste y le quite energía que él necesita
para vivir, vivir como a él se le dé la gana. Pintar, ver, amar,
comer, dormir, sentirse solo, sentirse acompañado; pero nunca
quisiera que estuviera triste. Si yo tuviera salud quisiera dársela
toda, si yo tuviera juventud toda la podría tomar. No soy solamente loca-madre, soy el embrión, el germen, la primera célula
que —en potencia— lo engendró. Soy él desde las más primitivas
y más antiguas células, que con el tiempo se volvieron él."

"Cada momento él es mi niño, mi niño nacido, cada ratito,
diario, de mí misma."

"Afortunadamente las palabras se fueron haciendo. ¿Quién
les dio la verdad absoluta? Nada hay absoluto. Todo se cambia,
todo se mueve, todo revoluciona, todo vuela y se va. . .

> Diego-principio
> Diego-constructor
> Diego-mi niño
> Diego-pintor
> Diego-mi amante
> Diego-mi esposo
> Diego-mi amigo
> Diego-mi madre
> Diego-mi padre
> Diego-mi hijo
> Diego-yo
> Diego-universo.

Diversidad en la unidad. ¿Por qué le llamo mi Diego? Nunca
fue ni será mío. Es de él mismo."

"La vida callada dadora de mundos, lo que más importa es la no-ilusión. La mañana nace, los rojos amigos, los grandes azules, hojas en las manos, pájaros ruideros, dedos en el pelo, nidos de palomas, raro entendimiento de la lucha hermana, sencillez del canto de la sinrazón, locura del viento en mi corazón. Dulce xocolatl del México antiguo, tormenta en la sangre que entra por la boca. Compulsión, augurio, risa y dientes finos, agujas de perla para algún regalo de un siete de julio. Lo pido, me llega, canto, cantando, cantaré desde hoy nuestra magia-amor."

III FRIDA POR FRIDA

Se ha dicho repetidamente, y con razón, que los cuadros de Frida son un testimonio valiente y valioso de su propia existencia. ¿Qué existencia es esa que ha provocado una realidad de arte tan conmovedora, hiriente, erizada, austera, trágica, amorosa, desgarrante y dichosa en sus diversas expresiones?

Conocí a Frida una tarde del mes de mayo de 1953, y por algunos días, breves e intensos, habité su universo significado por la sinceridad. Era tiempo de extremo sufrimiento para esa mujer de extraña belleza. El sufrimiento habitaba en ella golosamente. Los padecimientos estallaban como secuencias de un empecinado y caprichoso juego de prestidigitación. En medio de su dolor, con ánimo sereno, me relató fragmentos de su vida, historia desconcertante y difícil de comprender en un sentido de plena identificación.

"Nací en Coyoacán, en la esquina de Londres con Allende. Mis padres compraron un terreno que era parte de la hacienda de El Carmen y allí edificaron su casa. Mi madre, Matilde Calderon y González, era la mayor de los doce hijos que tuvieron mi abuela gachupina Isabel, hija de un general español, y mi abuelo Antonio, un indígena de Morelia, Michoacán. Mi abuela y su hermana Cristina se educaron en el convento de las Vizcaínas. Ahí fueron recogidas a la muerte del general. De ahí salió Isabel para casarse con Antonio Calderón, fotógrafo profesional que hizo daguerrotipos.

"Mi madre era amiga de las comadres, de los niños y de las viejas que llegaban a la casa a rezar los rosarios. Durante la Decena Trágica mi madre abrió los balcones por las calles de Allende y acogió a los zapatistas. Atendió a los heridos y a los hambrientos les dio gorditas de maíz, único alimento que por esos días se podía conseguir en Coyoacán. Yo tenía siete años cuando la Decena Trágica y presencié con mis ojos la lucha campesina de Zapata contra los carrancistas. La emoción clara, precisa que guardo de la Revolución Mexicana fue la base para que a los trece años de edad ingresara en la juventud comunista. En 1914 nomás chirriaban las balas. Oigo todavía su extraordinario sonido. Se hacía propaganda en el tianguis de Coyoacán a favor de Zapata con corridos ilustrados con grabados de José Guadalupe Posada. El tianguis se ponía los viernes y los corridos costaban un centavo. Cristi y yo los cantábamos encerradas en un gran ropero que olía a nogal, mientras que mi padre y mi madre velaban por nosotras. Recuerdo a un herido carrancista corriendo hacia su puesto junto al río de Coyoacán, y a un zapatista en cuclillas, herido de bala en una pierna, poniéndose los huaraches.

"Recuerdo que a mi madre nunca le faltó nada: en su cómoda siempre había cinco pesos de plata. Era una mujer bajita, de ojos muy bonitos, muy fina de boca, morena. Era como una campanita de Oaxaca. Había nacido en la ciudad de México. Cuando iba al mercado ceñía con gracia su cinturón y cargaba coquetamente su canasta. Muy simpática, activa, inteligente. No sabía leer ni escribir, sólo sabía contar el dinero. Murió joven, a los cincuenta y nueve años.

"Mi padre, Guillermo Kahlo, era muy interesante, de bastante elegancia al moverse, al caminar. Tranquilo, laborioso, valiente, de pocos amigos. Recuerdo dos amigos: uno era un viejo largote que siempre dejaba su sombrero en el techo de los roperos. Mi padre y el viejo se pasaban las horas jugando al ajedrez y tomando café. Hijo de húngaros, mi padre nació en 1872 en Baden Baden, Alemania. Estudió en Nurenberg. Su madre murió cuando él tenía dieciocho años. No quiso a la madrastra, por eso mi abuelo, que era joyero, le dio el dinero suficiente para venir a

América. Llegó a México en 1891. Padecía frecuentes ataques epilépticos. A los veintitrés años se casó. De su primer matrimonio tuvo dos hijas: María Luisa y Margarita. Su primera mujer murió al dar a luz a Margarita. La noche en que murió su esposa mi padre llamó a mi abuela Isabel, que llegó con mi madre. Ella y mi padre trabajan en la misma tienda, se tenían confianza. El estaba enamorado de ella y más tarde se casaron. María Luisa tenía siete años y Margarita tres cuando las internaron en el convento de Tacuba. Margarita iba a ser monja. A María Luisa la casaron las religiosas por correspondencia con un hombre de Jalisco. María Luisa ha sido siempre una muchacha muy trabajadora; nunca ha pedido un diez. Vive en un cuarto por el que paga cuarenta y cinco pesos de renta mensual. No se raja ni es mentirosa; igualita en el modo de ser a mi padre."

Quienes conocieron a Guillermo Kahlo coinciden con Frida en describirlo como un hombre bondadoso, de modales finos, muy trabajador. En agosto de 1976 el Instituto Mexicano Norteamericano presentó la exposición de "Homenaje a Guillermo Kahlo, primer fotógrafo oficial del patrimonio cultural de México". Para el catálogo Francisco Monterde hizo una descripción coincidente con la de Frida: "Conocí a don Guillermo poco después de haber entrado en México el Ejército Constitucionalista. Por entonces me inicié en el periodismo, bajo la afable dirección de Mariano Urdanivia. Entre 1915 y 1917 fui secretario de redacción de la revista *México* y jefe de redacción de la revista *Tricolor*. En una y otra debía llenar la mayor parte de sus páginas con reproducciones de fotografías de paisajes, edificios y retratos de personajes nuestros, elegidas entre las mejores. Acudía, por eso, con frecuencia, a don Guillermo, y su excelente archivo y su bondad inalterable me salvaban siempre. Lo recuerdo —sobrio, entrecano, de comedidas actitudes—: tenía la rara virtud de saber escuchar, comprender lo que de él se solicitaba, y servir eficazmente al proporcionar sus fotografías ejecutadas con arte."

Frida recordaba: "Mi abuelo Calderón era fotógrafo; por eso mi madre convenció a mi padre para que se hiciese fotógrafo. El suegro le prestó una cámara y lo primero que hicieron fue salir de gira por la República. Lograron una colección de fotos de arquitectura indígena y colonial y regresaron, instalando el primer despacho en la avenida 16 de Septiembre, ¡que es mucho decir! Desde entonces y para siempre hubo en mi casa un pasar con dificultades."

Para la misma exposición de homenaje a Guillermo Kahlo el Instituto Nacional de Antropología e Historia aportó los datos siguientes: "Era entonces el año de 1904. José Ives Limantour, ministro de Hacienda en el gobierno del general Porfirio Díaz, recibía en su despacho a un señor delgado de 32 años, grandes ojos claros y mirada vivaz. Su nombre: Guillermo Kahlo. Su profesión: fotógrafo. Se pensaba ya, con seis años de anticipación, en los programas para celebrar el primer centenario de la Independencia de México y entre ellos estaba el renglón de publicaciones que planeaban de lujo y gran formato. El ministro Limantour había escogido al señor Kahlo como proveedor de las necesarias ilustraciones y lo contrató para que viajara por el país fotografiando los edificios y monumentos coloniales y de importancia histórica, lo mismo que las obras y construcciones realizadas durante el tiempo transcurrido del porfiriato. El señor Kahlo se convirtió así en el primer fotógrafo oficial del patrimonio cultural de México.

"Impresionado desde el primer momento por la abundante riqueza artística y arquitectónica de los templos, edificios y monumentos mexicanos, Kahlo se dedicó más a ellos que a la fotografía meramente comercial. Esta especialidad, por ningún fotógrafo entonces adquirida en México, lo condujo hasta el despacho del ministro Limantour y, desde 1904 a 1908, se empeñó en la misión de recorrer el país y a disparar el obturador de su cámara ante exteriores e interiores de templos y monumentos y a imprimir daguerrotipos. El mismo preparaba sus placas de vidrio con sus capas sensibles, lo cual, con alguna frecuencia, es evidente en ciertos defectos de sus fotografías. Sin embargo, había llegado a dominar tan bien su equipo y técnica —a lo que añadía desarrollado sentido artístico— que lograba captar con nitidez hasta los menores detalles, los juegos de luces y sombras y aún más la atmósfera misma de los recintos y de los objetos.

"Imprimió más de novecientas placas que entregó a Limantour y una parte se empleó en ilustrar varios de los libros editados para conmemorar el Centenario de la Independencia; permanecieron en el ministerio porfiriano y, más tarde, en la Secretaría de Hacienda y Crédito Público, consignadas a la dirección de Bienes Nacionales. En 1946 ésta se convirtió en secretaría de Estado cuyo titular, algún tiempo después, juzgó que los daguerrotipos de Kahlo debían estar en la custodia del Instituto de Antropología e Historia, donde actualmente se hallan."

Con relación a sus padres Frida observaba; "Yo me parezo físicamente a los dos. Tengo los ojos de mi padre y el cuerpo de mi madre. (Muchas fueron las afinidades temperamentales entre Frida y su padre; fue él quien sin proponérselo le inculcó uno de los atributos que habrían de ser sostén de su trágica condición: la capacidad de sobreponerse al dolor físico adhiriéndose a la vida no con lamentaciones sino con hechos y productos.)

"Mi madre no me pudo amamantar porque a los once meses de nacer yo nació mi hermana Cristina. Me alimentó una nana a quien lavaban los pechos cada vez que yo iba a succionarlos. En uno de mis cuadros estoy yo, con cara de mujer grande y cuerpo de niñita, en brazos de mi nana, mientras de sus pezones la leche cae como del cielo.

"Entre los tres y los cuatro años a Cristi y a mí nos mandaban al colegio de parvulitos. La maestra era del tiempo antiguo, con pelos artificiales y trajes rarísimos. Mi primer recuerdo se refiere justamente a esta maestra: estaba ella parada al frente del salón todo oscuro, sosteniendo en una mano una vela y en la otra una naranja, explicando cómo era el universo, el sol, la tierra y la luna. Me oriné de la impresión. Me quitaron los calzones mojados y me pusieron los de una niña que vivía enfrente de mi casa. A causa de eso le cobré tal odio que un día la traje cerca de mi casa y comencé a ahorcarla. Ya estaba con la lengua de fuera cuando pasó un panadero y la sacó de mis manos.

"Después participé en la cosa religiosa. A los seis años me dieron la Primera Comunión. (Con la constante alteración de fechas que Frida hacía puede suponerse que tal ceremonia tuvo lugar cuando ella contaba nueve años. De todas formas el con

traste entre el padre liberal de ascendencia judaica y la madre
fanáticamente cristiana fue otro de los alimentos de su precoci-
dad). Para eso, durante un año, nos hacían asistir a Cristi y a mí
a la doctrina; pero nos escapábamos y nos íbamos a comer tejo-
cotes, membrillos y capulines a un huerto cercano.

"Cierto día estaba mi media hermana María Luisa sentada en
la bacinica cuando la empujé y cayó hacia atrás con vasija y
todo. Furiosa me dijo: 'Tú no eres hija de tu mamá y de mi
papá. A ti te recogieron en un basurero'. Aquella afirmación me
impresionó al punto de convertirme en una criatura completamente introvertida. Desde entonces viví aventuras con una
amiga imaginaria. La iba a buscar a una tienda cuyas vitrinas
tenían escrito con grandes letras sobre los cristales la palabra
PINZON. En la ventana del que entonces era mi cuarto y que
daba a la calle de Allende, sobre uno de los primeros cristales de
la ventana echaba vaho, con un dedo dibujaba una puerta. Por
esa puerta salía en la imaginación con una gran alegría y urgen-
cia. Atravesaba por el llano que se miraba hasta llegar a la tienda
y lechería que se llamaba PINZON. Por la O de PINZON entraba y bajaba intempestivamente al interior de la tierra, donde mi
amiga imaginaria me esperaba siempre. No recuerdo su imagen
ni su color. Pero si sé que era alegre, que se reía mucho, sin soni-
dos. Era hábil y bailaba como si no tuviera peso alguno. Yo la
seguía en todos sus movimientos y le contaba, mientras ella
bailaba, mis problemas secretos. ¿Cuáles? No recuerdo. Pero ella
sabía por mi voz todas mis cosas. Cuando yo regresaba a la ventana entraba por la misma puerta dibujada en el cristal. ¿Por
cuánto tiempo había estado con ella? No sé. Pudo ser un segundo o miles de años. Yo era feliz. Desdibujaba la puerta con la
mano y desaparecía. Corría con mi secreto y mi alegría hasta el
último rincón del patio de mi casa y siempre en el mismo,
debajo de un árbol de cedrón; gritaba y reía, asombrada de estar
sola con mi felicidad y el recuerdo tan vívido de la niña.

"A los seis años tuve poliomielitis. Desde entonces recuerdo
todo claramente. Pasé nueve meses en cama. Todo comenzó con
un dolor terrible en la pierna derecha, desde el muslo hacia
abajo. Me lavaban la piernita en una tinita con agua de nogal y

pañitos calientes. La patita quedó muy delgada. A los siete años usaba botitas. Al principio supuse que las burlas no me harían mella, pero después sí me la hicieron, y cada vez más intensamente.

"A los siete ayudé a mi hermana Matilde, que tenía quince, a que se escapara a Veracruz con su novio. Le abrí el balcón y luego cerré como si nada hubiera pasado. Matita era la preferida de mi madre y su fuga la puso histérica. ¿Por qué no se iba a largar Matita? Mi madre estaba histérica por insatisfacción. A mí me resultaba odioso ver cómo sacaba los ratones del sótano y los ahogaba en un barril. Hasta que no estaban completamente ahogados no los dejaba. Aquello me impresionaba de un modo horrible. Llorando me decía: 'Ay, madre ¡qué cruel eres!' Quizá fue cruel porque no estaba enamorada de mi padre. Cuando yo tenía once años me mostró un libro forrado en piel de Rusia donde guardaba las cartas de su primer novio. En la última página estaba escrito que el autor de las cartas, un joven alemán, se había suicidado en su presencia. Ese hombre vivió siempre en su memoria. El libro forrado en piel de Rusia se lo di a Cristi.

"Mi madre fue para mí una amiga enorme; pero nunca nos unió la cosa religiosa. Mi madre llegó a la histeria por la religión. Teníamos que orar antes de las comidas. Mientras los demás estaban concentrados en sí mismos, Cristi y yo nos mirábamos esforzándonos por contener la risa. Durante doce años mi madre pudo contra mí; pero a los trece comencé a militar en las organizaciones estudiantiles de izquierda. (Según el alterado calendario fridiano ¿habrá sido a los trece o a los dieciséis?)

"Cuando Mati se fue, mi padre no dijo una palabra. Era tal su temple que se me hacía difícil convencerme de su epilepsia. Y eso que muchas veces al ir caminando con su cámara al hombro y llevándome de la mano, se caía repentinamente. Aprendí a asistirlo durante sus ataques en plena calle. Por un lado cuidaba de que aspirara prontamente éter o alcohol, y por el otro vigilaba que no robaran la máquina fotográfica. (Quizás no hubiera habido centavos para reponerla. Para entonces hacía más de medio siglo que la fotografía había entrado en México. Después de la Revolución la competencia profesional fue más

dura pues proliferaron los estudios de fotógrafos profesionales.
Kahlo se esforzó por acomodarse a los nuevos tiempos: hacía
fotografía comercial, todavía imprimía daguerrotipos, retrataba
a personajes y tomaba vistas de la ciudad de México y otros
lugares, y hasta llegó a colaborar con el doctor Atl en el libro *Las
iglesias de México*; pero no hubo prosperidad económica y sí
muchas dificultades).

"Cuatro años estuvimos sin ver a Matita. Cierto día, mientras
viajábamos en un tranvía, mi padre me dijo: '¡No la encontrare-
mos nunca!' Yo lo consolaba y en verdad mis esperanzas eran
sinceras. Tenía doce años cuando una compañera de la Preparatoria me comentó: 'Por las calles de los Doctores vive una
señora parecidísima a ti. Se llama Matilde Kahlo'. Al fondo de un
patio, en la cuarta habitación de un largo corredor, la encontré.
Era un cuarto lleno de luz y pájaros. Matita se estaba bañando
con una manguera. Vivía allí con Paco Hernández, con el que
después se casó. Gozaron de buena situación económica y no
tuvieron hijos. Lo primero que hice fue avisar a mi padre que la
había encontrado. La visité varias veces y traté de convencer
a mi madre para que se viesen, pero no quiso.

"Mis juguetes fueron los de un muchacho: patines, bicicletas.
Como mis padres no eran ricos tuve que trabajar en una maderer-
ría. Mi trabajo consistía en controlar cuántas vigas salían al día,
cuántas entraban, cuál era su color y cuál su calidad. Trabajaba
por las tardes y por las mañanas iba al colegio. Me pagaban
sesenta y cinco pesos al mes, de los que yo no tomaba un centavo. Antes de que me aplastara el camión yo quería ser médica."

Frida nunca habló de una temprana vocación literaria; pero
en *El Universal Ilustrado* del 30 de noviembre de 1922 (p. 61)
se publicó una prosa poética suya titulada *Recuerdo*, cuyo
contenido se entiende en la muchacha de quince años que realmente era y no en la niña de doce que pretendía ser:

"Yo había sonreído. Nada más. Pero la claridad fue en mí,
y en lo hondo de mi silencio.

El, me seguía. Como mi sombra, irreprochable y ligera.

En la noche, sollozó un canto. . .

Los indios se alargaban, sinuosos, por las callejas del pueblo. Iban envueltos en sarapes, a la danza, después de beber mezcal. Un arpa y una jarana eran la música, y la alegría eran las morenas sonrientes.

En el fondo, tras del Zócalo, brillaba el río. Y se iba, como los minutos de mi vida.

El, me seguía.

yo terminé por llorar. Arrinconada en el atrio de la Parroquia, amparada por mi rebozo de bolita, que se empapó de lágrimas."

Su accidente del 17 de septiembre de 1925 Frida me lo explicó de esta manera: "Los camiones de mi época eran absolutamente endebles; comenzaban a circular y tenían mucho éxito; los tranvías andaban vacíos. Subí al camión con Alejandro Gómez Arias. Yo me senté en la orilla, junto al pasamano y Alejandro junto a mí. Momentos después el camión chocó con un tren de la línea Xochimilco. El tren aplastó al camión contra la esquina. Fue un choque extraño; no fue violento, sino sordo, lento y maltrató a todos. Y a mí mucho más. Recuerdo que ocurrió exactamente el 17 de septiembre de 1925, al día siguiente de las fiestas del 16. Yo tenía entonces dieciocho años, pero parecía mucho más joven, incluso más joven que Cristi, a quien llevo once meses.

"A poco de subir al camión empezó el choque. Antes habíamos tomado otro camión; pero a mí se me había perdido una sombrillita; nos bajamos a buscarla, y fue así que vinimos a subir a aquel camión que me destrozó. El accidente ocurrió en una esquina, frente al mercado de San Juan, exactamente enfrente. El tranvía marchaba con lentitud, pero nuestro camionero era un joven muy nervioso. El tranvía, al dar la vuelta, arrastró al camión contra la pared.

"Yo era una muchachita inteligente pero poco práctica, pese a la libertad que había conquistado. Quizá por eso no medí la situación ni intuí la clase de heridas que tenía. En lo primero que pensé fue en un balero de bonitos colores que había comprado ese día y que llevaba conmigo. Intenté buscarlo, creyendo que todo aquello no tendría mayores consecuencias.

"Mentiras que uno se da cuenta del choque, mentiras que llora. En mí no hubo lágrimas. El choque nos brincó hacia adelante y a mí el pasamano me atravesó como la espada a un toro. Un hombre me vio con una tremenda hemorragia, me cargó y me puso en una mesa de billar hasta que me recogió la Cruz Roja.

"Perdí la virginidad, se me reblandeció el riñón, no podía orinar, y de lo que yo más me quejaba era de la columna vertebral. Nadie me hizo caso. Además, no se hacían radiografías. Me senté como pude y les dije a los de la Cruz Roja que llamaran a mi familia. Matilde leyó la noticia en los periódicos y fue la primera en llegar y no me abandonó por tres meses; de día y de noche a mi lado. Mi madre se quedó muda durante un mes por la impresión y no fue a verme. Mi hermana Adriana al saberlo se desmayó. A mi padre le causó tanta tristeza que se enfermó y sólo pude verlo después de veinte días.

"Estuve tres meses en la Cruz Roja. La Cruz Roja era muy pobre. Nos tenían en una especie de galpón tremendo, los alimentos eran una porquería que casi no se podía comer. Una sola enfermera cuidaba a veinticinco enfermos. Fue Matilde quien levantó mi ánimo: me contaba chistes. Era gorda y feíta, pero tenía gran sentido del humor, nos hacía carcajear a todos los que estábamos en el cuarto. Tejía y ayudaba a la enfermera en el cuidado de los enfermos.

"Mis condiscípulos de la Preparatoria llegaron a preguntar por mí. Me llevaban flores y trataban de distraerme. Eran los componentes de 'Los Cachuchas', un grupo de muchachos cuyo único miembro femenino era yo. Uno de ellos me regaló entonces un muñeco que todavía conservo. Conservó ese muñeco y muchas otras cosas. Yo quiero mucho las cosas, la vida, las gentes. No quiero que la gente muera. No le tengo miedo a la muerte, pero quiero vivir. El dolor, eso sí, no lo aguanto.

"Tan pronto vi a mi madre le dije: 'No me he muerto y, además, tengo algo por qué vivir; ese algo es la pintura.' Como debía estar acostada con un corsé de yeso que iba de la clavícula a la pelvis, mi madre se ingenió en prepararme un dispositivo muy chistoso del que colgaba la madera que me servía para apoyar los papeles. Fue ella a quien se le ocurrió techar mi cama estilo Renacimiento. Le puso un baldaquín y colocó a todo lo largo del techo un espejo en el que pudiera verme y utilizar mi imagen como modelo."

Como Coyoacán quedaba muy lejos de la ciudad de México, donde vivían sus más queridos amigos, Frida se acostumbró a escribir cartas. A veces llegó a escribir dos o tres al día. Alejandro Gómez Arias, que en el accidente sólo sufrió golpes de menor importancia, guardó las dirigidas a él con mucho cuidado. También Isabel Campos, compañera desde la escuela primaria, conservó recados, cartas y fotografías. Las cartitas constituyen un testimonio conmovedor de ese tiempo en el que Frida comienza a asumir, con doloroso espíritu juguetón, su irreversible tragedia. Las primeras las escribió en la Cruz Roja.

Martes 13 de octubre de 1925: Tú mejor que nadie sabes todo lo triste que he estado en este cochino hospital, pues te lo has de imaginar y además ya te lo habrán dicho los muchachos. Todos dicen que no sea yo tan desesperada; pero ellos no saben lo que es para mí tres meses de cama —que es lo que necesito estar— habiendo sido toda mi vida una callejera de marca mayor. Pero qué se va a hacer, siquiera no me llevó la pelona (*aquí dibuja una calavera*) ¿No crees?

Diciembre 5, 1925: Lo único de bueno que tengo es que ya voy empezando a acostumbrarme a sufrir.

En 1926, cuando ya sabía que su organismo jamás podría fecundar, escribió, con letra dibujada, una tarjeta que decía:

LEONARDO
NACIO EN LA CRUZ ROJA EN EL AÑO DE GRACIA
DE 1925 EN EL MES DE SEPTIEMBRE Y SE BAUTIZO
EN LA VILLA DE COYOACAN DEL AÑO SIGUIENTE
FUE SU MADRE
FRIDA KAHLO
SUS PADRINOS
ISABEL CAMPOS
Y ALEJANDRO GOMEZ ARIAS

Octubre 20, 1925, martes: Según el doctor Díaz Infante, que
fue el que me curó en la Cruz Roja, ya nada es de mucho peligro
y voy a quedar más o menos bien, tengo desviada y fracturada
del lado derecho la pelvis, tuve luxación en un pie, y en el codo
izquierdo luxación y una pequeña fractura, y las heridas que en
la otra carta te expliqué cómo son: la más grande me atravesó
de la cadera a en medio de las piernas, así es que fueron dos,
una ya me cerró y la otra la tengo como de dos centímetros de
largo por uno y medio de fondo, pero yo creo que muy pronto
se cierra, el pie derecho lleno de raspones muy hondos y otra de
las cosas que tengo es que (. . .) El doctor Díaz Infante (que es
una monada) no quiso seguirme curando porque dice que es
muy lejos Coyoacán y no podía dejar a un herido y venir
cuando lo llamaran, así es que lo cambiaron por Pedro Calderón
de Coyoacán. ¿Te acuerdas de él? Bueno, pues como cada doctor dice algo diferente de una misma enfermedad, Pedro desde
luego dijo que de todo me veía demasiado bien, menos del brazo, y que duda mucho que pueda extenderlo, pues la articu-
lación la tengo buena pero el tendón está contraído y no me
deja abrir el brazo hacia adelante y si lo llegaba a extender sería
muy lentamente y con mucho masaje y baños en agua caliente.
Me duele como no tienes idea, a cada jalón que me dan son unas
lágrimas de a litro, a pesar de que dicen que en cojera de perro
y lágrimas de mujer no hay que creer. La pata me duele muchísimo, pues has de cuenta que la tengo machacada y además me
dan unas punzadas en toda la pierna horribles y estoy muy
molesta como tú debes imaginar, pero con reposo dicen que me
cierra pronto el hueso y que poco a poco después podré ir
andando.
Enero 8, 1927: Tráeme si puedes un peine de Oaxaca de esos de
madera eh. Dirás que soy muy pedinche verdad.
Enero 10, 1927: Estoy como siempre, mala, ya vez qué aburri-
do es esto, yo ya no sé qué hacer, pues ya hace más de un año
que estoy así y es una cosa que ya me tiene hasta el copete,
tener tantos achaques, como vieja, no sé cómo estaré cuando
tenga treinta años, me tendrás que traer envuelta en algodón
todo el día y cargada, pues ni modo que entonces se pueda,

como te dije un día, en una bolsa, porque no quepo ni a trancasos (. . .) Necesito que me digas algo nuevo, porque yo, de veras que nací para maceta y no salgo del corredor. Estoy *buten buten* de aburrida!!!!!! (*Frida gustaba de inventar términos y el "buten" quería decir demasiado, muchísimo excesivamente*). Dirás que por qué no hago algo de provecho, etcétera, pero ni para esto tengo ganas, soy pura. . . música de saxofón, tú ya sabes, y por eso no te lo explico. Esta pieza en donde tengo un cuarto ya la sueño todas las noches y por más que le doy vueltas y más vueltas ya no sé ni cómo borrar de mi cabeza su imagen (que además cada día parece más un bazar). ¡Bueno! qué le vamos a hacer, esperar y esperar. . . (. . .) ¡Yo que tantas veces soñé con ser navegante y viajera! Patiño me contestaría que es *one* ironía de la vida. ¡jajajaja! (no te rías). Pero son sólo diecisiete años (*Ya tenía veinte*) los que me he estacionado en mi pueblo. Seguramente más tarde ya podré decir. . . Voy de pasada, no tengo tiempo de hablarte. (*Aquí dibuja notas de música*). Bueno, después de todo, el conocer China, India y otros países viene en segundo lugar. . . en primero, ¿cuándo te vienes? Creo que no será necesario que te ponga un telegrama diciéndote que estoy en agonía, ¿verdad? (. . .) Oye, a ver si por ahí entre tus conocencias saben alguna receta buena para engüerar el pelo, no se te olvide. (*Alejandro Gómez Arias se encontraba estudiando en Alemania, a donde su familia lo había enviado para enfriar su estrecha relación con Frida.*)

Marzo 30, 1927: (*Carta dirigida a Alicia Gómez Arias, hermana de Alejandro*). Le ruego no piense mal de mí si no la invito a venir a mi casa, pero en primer lugar no sé qué pensaría Alejandro, y en segundo no se imagina lo horrible que es esta casa, y me daría mucha pena que usted viniera, pero yo quiero que usted sepa que mis deseos serían todo lo contrario (. . .) Tengo dieciocho días acostada en un sillón y todavía faltan diecinueve que debo estar en la misma postura (pues ya le habrá platicado Alejandro que a consecuencia del golpe del camión quedé mala de la espina) y probablemente después de eso diecinueve días me tendrán que entablar o poner un corsé de yeso, así que imagínese lo desesperada que estaré. Pero todos esos sufrimientos los paso por ver si así me alivio, porque yo estoy completamente aburrida de no poder hacer nada, por estar siempre enferma. (. . .) Estoy haciendo por averiguar la dirección de una hermana de mi papá que vive en Pforzheim, estado de Baden, pues sería muy fácil comunicarse con Alejandro por medio de ella. Dudo un poco de que pueda conseguirla porque hace ya mucho tiempo que no sabemos de la familia de mi papá, por la guerra.

Abril 6, 1927: Ya tengo diecisiete días en este sillón y no siento absolutamente ningún alivio, los dolores me siguen tan fuertes o más que al principio, y ya estoy completamente convencida de que el doctor éste me tomó el pelo, pues de nada me sirvió hacer lo que me dijo. Ahora que cumpla un mes le voy a hablar claro, porque no me voy a estar toda la vida como a él se le dé la gana (. . .) Si sigo como voy, sería mejor que me eliminaran del planeta, pero lo único que me hace tener esperanza es que cuando más tarde para julio (. . .) Pero la única visita que sinceramente espero llegará de Veracruz un día de julio —y como siempre. . . chiflará— dejará. . . Obregón ¡La Preparatoria! (No es un poema estridentista).

Abril 10, 1927: Además de tantas otras cosas que me apenan, mi mamá también está mala, mi papá no tiene dinero, sufro, sin mentirte, hasta porque Cristina no me hace caso y no sacude mi pieza, todo se lo tengo que pedir por favor, me pone las cartas cuando se le pega la gana y me coge todo lo que se le antoja (. . .) Lo único que me entretiene un poco es leer, ya van cinco veces que leo *Juan Gabriel Borkman* y como seis o siete *La bien plantada*; del periódico un artículo que sale diario de "La Revolución Rusa", por Alejandro Kerensky, hoy será el último, y lo que pasa en Shangai. Aprendo alemán, pero todavía no paso de la tercera declinación porque está de los demonios. (*Da por sobreentendida la referencia a una carta que le envió alguien y agrega*:) También me dice en el papel si le quiero hacer un retrato "muy moderno", pero ni remedio, no puedo. Seguramente le gustaría uno que tuviera como fondo la capilla de Ocotlán o algo puramente tlaxcalteca o tintón. Esta vez no igualará su vida con el pensamiento.

Viernes de Pascua, abril 22, 1927: Dice el viejo doctor que el corsé da muy buenos resultados cuando está bien puesto, pues también falta ver eso, y si no me lleva el diablo me lo van a poner el lunes en el Hospital Francés (. . .) La única ventaja que tiene esta cochinada es que puedo andar, pero como andando me duele tanto la pierna sale contraproducente la ventaja. Además no voy a salir a la calle en esa figura pues con toda seguridad me llevan al manicomio. En el caso remoto que no dé resultado el corsé me tendrían que operar, y la operación consistiría —según el doctor— en quitarme un pedazo de hueso de una pierna y ponérmelo en el espinazo, pero antes de que esto pasara con toda seguridad me autoeliminaba del planeta (. . .) Estoy aburrida con A de ¡ay ay ay!

Abril 25, 1927: Ayer estuve muy mala y muy triste, no te puedes imaginar la desesperación que llega uno a tener con esta enfermedad, siento una molestia espantosa que no puedo explicar y además hay a veces un dolor que con nada se me quita. Hoy me iban a poner el corsé de yeso, pero probablemente será el martes o miércoles porque mi papá no ha tenido dinero —y cuesta sesenta pesos— y no es tanto por el dinero, porque muy bien podrían conseguirlo; sino porque nadie cree en mi casa que de veras estoy mala, pues ni siquiera puedo decirlo porque mi mamá, que es la única que se aflige algo, se pone mala, y dicen que fue por mí, que soy muy imprudente. Así es que yo y nadie más que yo soy la que sufro, me desespero y todo. No puedo escribir mucho porque apenas puedo agacharme, no puedo andar porque me duele horrible la pierna, ya me canso de leer —no tengo nada bonito que leer—, no puedo hacer nada más que llorar y a veces que ni eso puedo. No me divierto en nada ni tengo una sola distracción, sino nada más penas, y todos los que alguna vez me vienen a ver me chocan muchísimo (. . .) No te puedes imaginar cómo me desesperan las cuatro paredes de mi cuarto. ¡Todo! Ya no puedo explicarte con nada mi desesperación.

Abril 31, domingo, Día del Trabajo, 1927: El viernes me pusieron el aparato de yeso y ha sido desde entonces un verdadero martirio, con nada puede compararse, siento asfixia, un dolor espantoso en los pulmones y en toda la espalda, la pierna no puedo ni tocármela y casi no puedo andar y dormir menos. Figúrate que me tuvieron colgada, nada más de la cabeza, dos horas y media y después apoyada en la punta de los pies más de una hora, mientras se secaba con aire caliente; pero todavía llegué a la casa y estaba completamente húmedo. Me lo pusieron en el Hospital de Damas Francesas, porque en el Francés era necesario internarme lo menos una semana, pues no permiten de otra manera, y en el otro empezaron a ponérmelo a las nueve y cuarto y pude salir como a la una. No dejaron entrar a Adriana ni a nadie, y yo enteramente sola estuve sufriendo horriblemente. Tres o cuatro meses voy a tener este martirio, y si con esto no me alivio, quiero sinceramente morirme, porque ya no puedo más. No sólo es el sufrimiento físico, sino también que no tengo la menor distracción, no salgo de este cuarto, no puedo hacer nada, no puedo andar, ya estoy completamente desesperada y, sobre todo, no estás tú, y a todo esto agrégale: oír constantemente penas: mi mamá sigue muy mala, en este mes le han dado siete ataques, y mi papá lo mismo, y sin dinero. Es para desesperarse por completo ¿no crees? Cada día me adelgazo más, y ya no me divierte nada.

Mayo 7, sábado, 1927: Cuando esté un poco más acostumbrada a esta porquería de aparato, voy a hacer el retrato de Lira y a ver qué otra cosa. Estoy *buten* de agüitada (. . .) Salas me prestó *La linterna sorda* de Jules Renard y compré *Jesús* de Barbusse. Es todo lo que he leído. Voy a leer *El faro*.

Mayo 27, domingo, 1927: No quiero que estés preocupado por mí, pues aunque yo soy muy desesperada, no es cosa peligrosa la enfermedad que tengo. Sufro mucho con eso, porque ya sabes cómo soy, pero es mejor que ahora que estás tú lejos, esté enferma (. . .) Voy a estudiar todo lo que pueda y ahora que me alivie voy a pintar y a hacer muchas cosas para que cuando vengas sea yo un poco mejor, todo depende del tiempo que esté enferma. Todavía faltan dieciocho días para hacer un mes acostada y quién sabe cuánto tiempo en ese cajón, así es que por ahora no hago nada, sólo llorar.

Mayo 29, martes, 1927: Mi papá me dijo que cuando me alivie me va a llevar a Veracruz, pero está *buten* de verde-mar, pues no hay mosca (otra cosa que no es novedad), pero hay que esperar a ver si por casualidad puede cumplirse su promesa. Ya hace tiempo que empecé a proceder al aburre y aburre y si esto sigue voy a acabar "de a demente"; pero cuando *you* regrese, *tute this* aburrimiento *non* existirá (. . .) Hay algunos que nacen con estrella y otros estrellados, y aunque tú no lo quieras creer, yo soy de las estrelladísimas.

Ultimo de mayo, 1927: Ya casi acabado el retrato de Chon Lee, te voy a mandar una fotografía de él. (. . .) Cada día peor, pues voy a tener que convencerme de que es necesario, casi seguro, operarme, pues de otro modo, se pasa el tiempo y después ya en eso se han tirado casi cien pesos a la calle, pues se los regalaron a un par de ladrones como son la mayor parte de los doctores, y los dolores me siguen enteramente igual en la pierna mala y hay veces que me duele también la buena, así que estoy peor cada momento y sin la menor esperanza de aliviarme pues para eso falta lo principal que es el dinero. Tengo el nervio ciático lesionado, además de otro que no sé cómo se llama y que se ramifica con los órganos genitales, dos vértebras no sé en que artes y *buten* de cosas que no puedo explicarte porque no las entiendo, así es que no sé en qué consistirá la operación, pues nadie puede explicarlo. Puedes imaginarte que por todo lo que te digo, qué grandes esperanzas tengo de estar, no digas buena, siquiera mejor para cuando tú llegues. Comprendo que es necesario en este caso tener mucha fe, pero no te puedes imaginar un sólo momento cómo sufro con esto, pues precisamente no creo que me pueda aliviar. Un doctor que tuviera algo de interés por mí podría ser que pudiera cuando menos mejorarme, pero todos estos que me han visto son unas mulas que no les importa nada y que nada más se dedican a robar. Así es que yo no sé qué hacer, y desesperarme es inútil (. . .) Lupe Vélez está filmando su primera película con Douglas Fairbanks ¿ya sabes? ¿Cómo son los cines en Alemania? ¿Qué otras cosas sobre pintura has sabido y visto? ¿Vas a ir a París? ¿El Rin cómo es? ¿La arquitectura alemana? Todo.

Junio 4, sábado, 1927: El lunes me van a cambiar por tercera vez de aparato, esta vez para ponérmelo fijo, sin poder andar durante dos o tres meses, hasta que me suelde perfectamente la espina, y no sé si después sea necesario siempre operarme. De todos modos ya me aburro y muchas veces creo que sería preferible que me llevara de una vez... la tía de las muchachas ¿no crees? Nunca voy hacer nada con esta desgracia de enfermedad, y si esto es a los diecisiete años (*Recordemos que en unos días más cumpliría los veinte*) no sé cómo estaré después, cada día estoy más flaca y ya verás cuando vengas cómo te vas a ir para atrás de ver lo horrible que estoy con *this aparadaje móndrigo (Aquí intercala un dibujo)*. Después voy a estar mil veces peor, pues imagínate después de haber estado un mes acostada (como me dejaste) y otro con diferentes aparatos, y ahora otros dos acostada, metida en una funda de yeso, después seis otra vez con el aparato chico para poder andar, y con las esperanzas magníficas de que me operen y me pueda quedar en la operación como el Oso (*intercala un dibujo*)... Es para desesperarse ¿o no? Probablemente tú me dirás que soy *buten* pesimista y lagrimilla, y sobre todo ahora que eres completamente optimista, después de haber visto el Elba del Rijn, todo Lucas Cranach y Durero y sobre todo el Bronzino y las catedrales. Así yo podría ser enteramente optimista y siempre niña. No sabes cómo me dio gusto que hayas conocido el retrato maravilloso de *Eleonora de Toledo* y tantas cosas que me dices (...) Ahora sigo mala, seguramente más tarde me tendrán que operar, porque aunque con este aparato de yeso me alivie de la espina, no me sirve para curar los nervios que tengo lesionados en la pierna y solamente una operación o la aplicación de una corriente eléctrica (caliente) varias veces (cosa problemática y no muy eficaz, para el doctor) podría aliviarme. No puedo hacer ninguna de las dos cosas porque no tengo dinero, así es que ya no tengo ni qué hacer y te puedes imaginar cómo estaré de triste. Estoy haciendo el retrato de Lira, *buten* de feo. Lo quiso con un fondo estilo Gómez de la Serna.

Julio 15, 1927: Todavía no puedo decirte que sigo mejor, pero sin embargo estoy mucho más contenta que antes, tengo tanta esperanza de aliviarme para cuando tú vuelvas que ya no debes estar triste por mí un solo momento. Ya casi nunca me desespero, y muy pocas veces soy "lagrimilla". El día 9 de agosto hago dos meses de estar en esta posición y dice el doctor que me sacarán una radiografía para ver cómo están las vértebras y es casi seguro que solamente hasta el nueve de septiembre estaré con el aparato de yeso, después no sé qué harán conmigo. La radiografía me la van a tomar aquí mismo en la casa, pues no debo moverme absolutamente nada. Estoy en una mesa con carretillas para que puedan sacarme al sol, y de ninguna manera podrías imaginarte qué molesto es esto, pues tengo ya más de un mes de no moverme para nada, pero estoy dispuesta a estar así seis meses, con tal de aliviarme.

Julio 23, 1927: Pinté a Lira porque él me lo pidió, pero está mal que no sé ni cómo puede decirme que le gusta. *Buten* de horrible. No te mando la fotografía porque mi papá todavía no tiene todas las placas en orden con el cambio; pero no vale la pena, tiene un fondo muy alambicado y él parece recortado en cartón. Sólo un detalle me parece bien (*one* ángel al fondo), ya lo verás. Mi papá también sacó a la boticelada Adriana, a Alicia con el velo (muy mal) y a la que quiso ser Ruth Quintanilla y que le gusta a Salas. En cuanto me saque *more* copias mi papá te las mando. Solamente sacó una de cada uno, pero se las llevó Lira porque dice que las va a publicar en *one revistamen* que saldrá en agosto (ya te habrá platicado ¿no?). Se llamará *Panorama*; en el primer número colaborarán, entre otros, Diego, Montenegro (como poeta) y quién sabe cuántos más. No creo que sea algo bien. Ya rompí el retrato de Ríos porque no te imaginas cómo me chocaba ya. El fondo lo quiso el Flaquer (la mujer y los árboles) y el retrato acabó sus días como Juana de Arco.

Agosto 2, 1927: Ayer fue santo de Esperanza Ordóñez (Pinocha) e hicieron *sam* guateque en mi casa porque no tienen ellos piano. Estuvieron los muchachos (Salas, Mike, Flaquer), Matilde mi hermana y otros mancebos y mancebas. A mí me llevaron en mi carrito a la sala y estuve viendo bailar y cantar. Los muchachos estuvieron bastante contentos (creo yo). Lira le hizo *one* poema a la Pinocha y en el comedor hablaron los tres. Miguel se las corrió de episodios, citó a Heliodoro Valle, López Velarde *e otros vareos*. Creo que a los tres les gusta bastante Pinocha (estéticamente) y ya se hicieron muy buenos amigos. Yo, como siempre, estuve "lagrimilla". Aunque ya *tutes* las mañanas me sacan al sol (cuatro horas) no veo que siga muy mejorada, pues los dolores siempre son los mismos y estoy bastante delgada; pero a pesar de esto, como te dije en la otra carta, ya quiero tener fe. Si hay dinero, este mes me sacan otra radiografía y ya podré tener seguridad; pero si no, de todas maneras me voy a levantar hasta el 9 ó 10 de septiembre y para entonces sabré si me alivio con este aparato o es necesaria siempre la operación (tengo miedo). Pero tengo todavía que esperar bastante tiempo para ver si da o no resultado el absoluto reposo de estos tres meses. Casi puedo decir martirio.

Según lo que me dices el Mediterráneo es maravillosamente azul ¿lo conoceré alguna vez? Creo que no, porque tengo muy mala suerte, y mi mejor deseo desde hace mucho tiempo ha sido viajar. Sólo me quedará la melancolía de los que han leído libros de viajes. Ahora no leo nada. No quiero. No estudio alemán ni hago nada (. . .) Me creo seguramente *buten* de sabia. Y solamente veo en el periódico "la editorial" y lo que pasa en Europa. De la revolución acá todavía no se sabe nada, ahorita el que parece que las puede es Obregón, pero nadie sabe nada.

Agosto 2, 1927: (En carta dirigida a Alicia Gómez Arias) Sigo mala, ya no hablo de otra cosa, y además de la misma enfermedad, esto me apena mucho. Mañana hago ya dos meses con este aparato y todavía no veo ninguna mejoría (. . .) Perdóneme que le escriba en este papel, pero en este momento no tengo otro, y todo me lo tienen que dar en la mano.

Agosto 8, 1927: No sé decirte si estoy mejor o no, porque no han sacado la radiografía, pero los dolores me siguen y antier estuve bien *buten* de mala. Lira me hizo favor de mandar a su papá para que me hiciera un reconocimiento con más interés que los demás. Sería muy largo explicarte todo lo que según él tengo; pero creo yo que de lo que me ve bastante mala es de la pierna, pues tengo lesionado el ciático de las vértebras. Dice que sería necesario aplicarme el termocauterio, no sé por qué. Hay como veinte opiniones diferentes, pero el caso es que sigo mala, y que todos se hacen bolas (. . .) Todo el optimismo que tenía se acabó y vuelvo a desesperarme, ¿pero verdad que ahora tengo razón?

Septiembre 9, 1927: Coyoacán, exactamente igual, todas sus cosas: sobre todo el cielo limpio en las noches. Venus y Arturo. Venus y Venus. El 17 hará dos años de nuestra tragedia, yo sobre todo la recordaré *buten*, aunque es estúpido ¿no? No he pintado nada nuevo, hasta que tú vuelvas. Ahora las tardes de septiembre son grises y tristes. A ti te gustaban tanto los días nublados en la Preparatoria, ¿te acuerdas? He sufrido *buten*, y casi estoy neurasténica, y me he embrutecido gran *cantité*, estoy muy móndriga, créeme, pero... (...) estoy leyendo *Las ciudades y los años*, de Fedin, una maravilla de talento. Es el padre de *tute* los novelistas modernos.

Septiembre 17, 1927: Sigo mala y casi sin esperanzas. Como siempre, nadie lo cree. Hoy es el 17 de septiembre, el peor de todos porque estoy sola. Cuando tú vengas yo no podré ofrecerte nada de lo que quisiera. Seré en lugar de pelada y coqueta solamente pelada e inútil, que es peor. Todas estas cosas me atormentan constantemente. Toda la vida está en ti, pero yo no podré poseerla (...) Soy muy simple y sufro demasiado por lo que no debía. Soy muy joven y es posible aliviarme. Unicamente no lo puedo creer; lo debía creer, ¿verdad? Seguramente será en noviembre.

Octubre 17, 1927: Es probable que siga mala, pero ya no lo sé. En Coyoacán las noches asombran como en 1923, y el mar, símbolo en mi retrato, sintetiza *la vida (tacha el subrayado y vuelve a escribir)* mi vida.

Sólo conociendo las cartas dirigidas a Alejandro Gómez Arias, con su repetitivo y enajenante aliento desesperado, se puede apreciar la importancia que para Frida tuvo la irrupción de Rivera en su vida. Fue él quien le ayudó a encontrar fuerzas para sobreponerse a la angustia y le inculcó tal seguridad en sí misma que una especie de orgullo de existir, a pesar de todo, comenzó a campear en su producción artística, para adquirir, en algunas pinturas y dibujos, verdadero esplendor.

Frida y Diego se casaron el 21 de agosto de 1929. El tenía 42 años y ella 22. La boda se celebró en el antiguo Palacio

Municipal de Coyoacán. Los testigos fueron un peluquero y un médico homeópata. El juez había sido compañero de Rivera en la Escuela de Bellas Artes. En el diario *La Prensa* del 23 de agosto de 1929 al pie de una gran fotografía de la pareja, se comentaba: "El miércoles último, en la vecina población de Coyoacán, contrajo matrimonio el discutido pintor Diego Rivera con la señorita Frieda Kahlo, una de sus discípulas. La novia vistió, como puede verse, sencillísimas ropas de calle, y el pintor Rivera de americana y sin chaleco. El enlace no tuvo pompa alguna; se celebró en un ambiente cordialísimo y con toda modestia, sin ostentaciones y sin aparatosas ceremonias. Los novios fueron muy felicitados, después de su enlace, por algunos íntimos."

Esta germanización de su nombre Frida agregándole una e figura también en unas tarjetas de visita. Isabel Campos, la madrina del nonato Leonardo, conservó una con el siguiente recado: "Cuatezona de mis entretelas, dime cuando te vienes a bañar con seguridad para ir por ti. Dispensa que hasta hoy te mande los calzones pero no había tenido tiempo la gatígrafa de írtelos a dejar. Ya sabes que tú y yo hasta el "jollo". Tu poderosa cuate, Frieda."

El 10 de noviembre de 1930 Diego y Frida llegan a los Estados Unidos, donde Rivera pintaría murales en San Francisco, Detroit y Nueva York, ciudades que Frida vivió y padeció. Testimonio de sus reacciones son dos cartas que envió a Isabel Campos.

San Francisco, California, mayo 3 de 1931: Cuate querida: Recibí tu cartita hace *buten* de siglos, pero no pude contestarte porque no estaba en San Francisco sino más al sur y tenía una bola de cosas que hacer. No puedes imaginarte el gusto que me dio recibirla. Tú fuiste la única amiga que se acordó de mí. He estado muy contenta, nada más que extraño mucho a mi mamá. La ciudad no tienes idea lo maravillosa que es. Te escribo poco de ella para tener harto que contarte. Llegaré muy pronto al poderoso "pueblo". Yo creo que a mediados de éste y entonces te platicaré *buten buten* de cosas. Hartas habladas. . . Quiero que me saludes con mucho cariño a tía Lolita, a tío Panchito y a todos tus hermanos y hermanas con especialidad a Mary. La ciudad y la bahía son "padres". El gringuerío no me cae del todo bien, son gente muy sosa y todos tienen caras de bizcochos crudos (sobre todo las viejas). Lo que es resuave aquí es el barrio chino, la manada de chinos son resimpáticos. Y no he visto niños más bonitos en toda mi vida que los niños chinos. ¡Bueno! una cosa maravillosa, quisiera robarme uno para que lo vieras.

Del inglés, no quiero ni platicarte porque estoy hecha una atascada. Ladro lo más esencial, pero es dificilísimo hablarlo bien. Sin embargo me doy a entender aunque sea con los malvados tenderos.

No tengo amigas. Una o dos que no pueden llamarse amigas. Así es que me paso la vida pintando. Para septiembre haré una exposición (la primera) en Nueva York. Aquí no me alcanzó el tiempo y sólo pude vender algunos cuadros. Pero de todas maneras me sirvió de mucho venir pues se me abrieron los ojos y vi hartas cosas nuevas y suaves.

Tú, que puedes ver a mi mamá y a Kitti, cuéntame de ellas. Te lo agradecería de veras. Todavía (si es que quieres) te alcanza el tiempo de escribirme una carta. Yo te pido que lo hagas pues me dará muchísimo gusto. ¿Será mucho pedir? Salúdame a todos, si ves al Dr. Coronadito, a Landa, al Sr. Guillén. A todos los que se acuerden de mí. Y tú, cuatezoncita linda, recibe el cariño de siempre de tu cuate que te quiere mucho. *Frieducha*.

Besos a tu mamacita, papá y hermanos. Mi dirección 716 Montgomery St.

Noviembre 16, 1933 (Nueva York): Chabela linda, desde hace un año no sé ni una palabra de ti ni de ninguna de ustedes. Tú puedes imaginarte qué año ha sido éste para mí, pero yo no quiero hablar de eso, pues no consigo nada, y nada en el mundo podrá consolarme.

Dentro de un mes llegamos a México y te podré ver y platicarte mucho. Te escribo ésta para que me contestes y me cuentes muchas cosas, pues aunque parece que nos hemos olvidado, en el fondo siempre me acuerdo de ustedes y creo que tú y todas de cuando en cuando se recordarán de que existo, aunque tan

lejos. Dime cómo está tío Panchito y tía Lolita y todas, cuéntame qué haces y cómo pasas los días aburridos de Coyoacán, pero
que cuando está uno lejos le parecen tan lindos.

Yo aquí en gringolandia me paso la vida soñando en volver a
México, pero para el trabajo de Diego ha sido completamente
necesario quedarnos aquí. Nueva York es muy bonito y estoy
mucho más contenta que en Detroit, pero sin embargo extraño
México. Esta vez nos quedaremos allá casi un año y después,
quien sabe si vayamos a París, pero por lo pronto ya no quiero
pensar en lo de después. Ayer nevó por primera vez aquí, y muy
pronto va a hacer un frío que se la lleva a una la. . . tía de las
muchachas, pero no hay más remedio que ponerse los calzones
de lana y aguantar la nieve. Yo siquiera con las famosas enaguas
largas, el frío me cala menos, pero de repente me entra un frío
helado que ni veinte enaguas resisten. Sigo como siempre de
loca y ya me acostumbré a este vestido del año del caldo, y hasta
algunas gringachas me imitan y quieren vestirse de "mexicanas",
pero las pobres parecen nabos y la purita verdad se ven de a
tiro feriósticas, eso no quiere decir que yo me vea muy bien,
pero cuando menos pasadera. (No te rías). Cuéntame cómo
están Mari y Anita, Marta y Lolita; de Pancho y Chato sé por
Carlitos, que de repente me escribe; pero quiero que tú me plati-
ques de todos. Me encontré aquí el otro día a uno de los muchachos López, no me acuerdo si es Heriberto o su hermano, pero
estuvimos platicando de ustedes con mucho cariño. El está
estudiando en la Universidad de New Jersey y está contento
aquí.

Cristi me escribe poco, pues está ocupada con los niños, así es
que nadie me cuenta de ustedes. No sé si verán de vez en cuando
a Mati ahora que vive en Coyoacán, pero ella no me dice nada.
¿Qué se han hecho las Canet? Chabela ya debe estar enorme y
lo mismo Lolita, tu hermana; ya ni las conoceré cuando las vea.
Dime si sigues aprendiendo inglés y si no, ahora que yo llegue,
te enseño, pues ya "ladro" un poco mejor que el año pasado.
Te quisiera contar en esta carta miles de cosas, pero se volvería
un periódico, así es que prefiero guardármelas para cuando
llegue y desembucharlas allá.

Dime qué quieres que te lleve yo de aquí, pues hay cosas tan chulas y tantas que no sé ni qué sería bueno llevarles, pero si tú tienes especial gusto por algo, nada más me hablas! y te lo llevo.

Ahora que llegue yo me tienes que hacer un banquete de quesadillas de flor de calabaza y pulquito, pues ya nada más de pensar se me hace agua la boca. No creas que me estoy encajando y ya desde aquí te exijo que me des el banquete, nada más te lo recuerdo, para que no te hagas de la vista gorda, ahora que llegue.

¿Qué has sabido de las Rubí y de toda la gente que antes eran nuestras amigas? Cuéntame algunos chismes, pues aquí nadie me platica y de cuando en cuando los chismes son muy agradables al oído. Dales muchos besos a tío Panchito y a tía Chona también (pues a mí sí me quiere); para todas ustedes, pero especialmente para tí aquí van mil toneladas de besos para que los repartas y te quedes con la mayor parte.

No dejes de escribirme, mi dirección es: Hotel Breevoort, 5th Ave. at 8th Street. N.Y.C. New York. Tu cuate que no te olvida, *Frieda.*

En la relación autobiográfica que recogí en 1953, Frida decía: "Después de pasar un año enyesada en diferentes corsés comencé a frecuentar la Secretaría de Educación donde Diego estaba pintando sus murales. Yo tenía una inquietud tremenda por pintar al fresco. Le mostré a Diego los trabajos que había hecho y me dijo: 'Su voluntad tiene que llevarla a su propia expresión'. Entonces comencé a pintar cosas que le gustaron. Desde entonces me admira, me quiere. Durante muy poco tiempo me adherí a su pintura. Después me esforcé por que estuviera bien hecha, clara. Los tres primeros cuadros que pinté tienen los temas habituales en Diego: una mujer hincada, un niño sentado en un banco, una mujer sentada en una silla de palma. De los cuadros que pinté los que más me gustan son: *La nodriza y yo, El abrazo de amor entre el universo, la tierra, yo y Diego,* y el retrato de la madre del ingeniero Morillo Safa.

"Mi primera exposición se llevó a cabo en la Galería Julien Levy, de Nueva York, en 1938. El primer cuadro que vendí lo adquirió Jackson Phillip. El ingeniero Morillo Safa adquirió la mayor parte de mi producción.

"Mis cuadros están bien pintados, no con ligereza sino con paciencia. Mi pintura lleva dentro el masaje del dolor. Creo que, cuando menos, a unas pocas gentes les interesa. No es revolucionaria, para qué me sigo haciendo ilusiones de que es combativa; no puedo. (Poco después de este relato comenzó un cuadro con significación política que dejó inconcluso. Tenía un largo título: *Paz en la tierra para que la ciencia marxista salve a los inválidos y a los oprimidos por el capitalismo criminal y yanki.* En él Frida se autorretrató de cuerpo entero, con falda de tehuana y corpiño ortopédico, soltando las muletas y sosteniendo en su mano izquierda un libro rojo. A sus espaldas una paloma de la paz, una cabeza de Carlos Marx, dos manos poderosas, una de ellas con el ojo de la sabiduría en la palma acuden a sostenerla, mientras otra mano poderosa acogota a un ave de rapiña con cara del tío Sam.)

"La pintura me completó la vida. Perdí tres hijos y otra serie de cosas que hubieran llenado mi vida horrible. Todo eso lo sustituyó la pintura. Yo creo que el trabajo es lo mejor."

Al regreso de los Estados Unidos comenzó Frida a pensar en la posibilidad de hacer una pintura mural y se empeñó en apuntes y bocetos. Al respecto le escribe a Gómez Arias el 12 de octubre de 1934:

"Alex, se acabó la luz y ya no seguí pintando moninches. Seguí pensando en la decoración de la pared separada por *another wall of* sabiduría. Mi cabeza está llena de arácnidos microscópicos y de gran cantidad de alimañas minuciosas. Creo que deberemos construir la pared en un tipo microscópico también, pues de otro modo será difícil proceder al pintarrajee falaz. Además, ¿crees tú que toda la sabiduría silenciosa cabrá en un espacio azás limitado? ¿Y qué clase de libraquillos contendrán *such* letrilla en forjas casi *non* existentes? *That is the big* problema, y a ti te toca resolverlo arquitectónicamente pues como tú dices, yo *non* puedo ordenar nada dentro de la *big realité* sin ir derecho al choque, o tengo que colgar ropajes del aire, o colocar lo lejano en una cercanía peligrosa y fatal. Tú lo salvarás todo con la regla y el compás.

"¿No sabes que yo nunca he mirado selvas? ¿Cómo es que podré pintar fondo selvático con alimañas en un vacilón drepa? En fin, yo haré lo que pueda y si non te place podrás proceder al desbarate sólido y eficaz de lo ya construido y pintado. Pero tardará tanto en concluirse que nunca tendremos tiempo ni siquiera de pensar en el derrumbe.

"No he podido todavía organizar el desfile de tarántulas y los demás seres, porque estoy pensando que todo quedará como pegado a la primera capa de las infinitas que debe tener tal pared.

"Me ha hecho tanto bien verte, que no he podido decírtelo. Ahora me atrevo a escribirlo porque no estás tú aquí, y porque es en una carta escrita el invierno de siempre. No sé si tú lo creerás, pero es así, y no puedo escribirte sin decírtelo.

"Mañana te hablaré, y yo quisiera que un día me escribieras, aunque sólo fueran tres palabras, no sé por qué te pido esto pero sé que necesito que me escribas. ¿Quieres?"

En 1937 le escribe a Gómez Arias: "Sigo mal, y seguiré peor, pero voy aprendiendo a estar sola y eso ya es una ventaja y un pequeño triunfo."

La exposición de Frida Kahlo en la Julien Levy Gallery, situada en el 15 East de la calle 57, tuvo lugar del 1 al 15 de noviembre de 1938. La presentación del catálogo la hizo André Breton. En esos días le escribe desde Nueva York a Gómez Arias: "Todo se arregló a las mil maravillas y realmente me cargo una suerte lépera. La manada de aquí me tiene gran cantidad de cariño y son todos de un amable elevado. El prefacio de A. Breton no quiso Levy traducirlo y es lo único que me parece un poco apenas, pues tiene aspecto medio pretenciosón, pero ahora ¡ya ni remedio! ¿A ti qué se te hace? La galería es padre y arreglaron los cuadros muy bien. Viste *Vogue*. Hay tres reproducciones, una en color —la que me parece más *drepa*—, también en *Life* aparecerá algo esta semana. En una colección privada de pintura vi dos maravillas, una de Piero de la Francesca, que me parece de lo más dientoncísimo del mundo, y un Grequito, el más chiquitito que he visto, pero el más suave de todos."

Con motivo de la exposición de Frida, Rivera le envió al crítico Sam A. Lewisohn un recado, fechado el 11 de octubre de
1938, que decía: "Se la recomiendo, no como marido, sino
como un entusiasta admirador de su obra, ácida y tierna, dura
como el acero y delicada y fina como el ala de una mariposa,
adorable como una hermosa sonrisa y profunda y cruel como la
amargura de la vida."

El 8 de diciembre de 1939, cuando Diego cumplía 53 años y
ella tenía 32, Frida escribió: "Niño mío de la gran ocultadora—
son las seis de la mañana y los guajolotes cantan, calor de humana ternura. Soledad acompañada. Jamás, en toda la vida, olvida-
ré tu presencia. Me acogiste destrozada y me devolviste entera.
En esta pequeña tierra ¿dónde pondré la mirada? ¡Tan inmensa,
tan profunda! Ya no hay tiempo, ya no hay nada. Distancia.
Hay ya sólo realidad. ¡Lo que fue, fue para siempre! Lo que es,
son las raíces que se asoman transparentes, transformadas. El
árbol frutal eterno. Tus frutos ya dan sus aromas, tus flores
dan su color creciendo con alegría de los vientos y la flor. Nombre de Diego: nombre de amor. No dejes que le dé sed al árbol
que tanto te amó, que atesoró tu semilla, que cristalizó tu vida
a las seis de la mañana. Tu Frida.

"No dejes que le dé sed al árbol del que eres sol, que te atesoró tu semilla. Es Diego nombre de amor."

Rivera la estimuló para que después de Nueva York presen-
tara su obra en París, donde llegó en 1939 apadrinada por
André Breton. Allí conoció a Vasily Kandinsky, Marcel Duchamp, Pablo Picasso y muchos otros notables del arte que la
recibieron con entusiasmo. Al regresar a México se ve envuelta
en un torbellino de acontecimientos políticos y en el mes de
enero de 1940 acuerdan con Diego tramitar el divorcio. Después
del 24 de mayo, cuando se produjo el asalto a la casa de Trotsky
en el que participó David Alfaro Siqueiros, la casa de Frida fue
cateada y ella estuvo detenida durante algunas horas. El 8 de
diciembre de ese mismo año Diego y Frida volvieron a casarse.

En 1943 el industrial José Domingo Lavín le da a leer el *Moisés* de Freud y le sugiere que lo interprete en imágines. Termina-
da la obra dos años después, ante un grupo de amigos reunidos

por Lavín, Frida lo explicó de esta manera: "Leí el libro una sola vez, y comencé a pintar el cuadro con la primera impresión que me dejó. Después lo releí y debo confesar que encuentro el cuadro muy incompleto y bastante distinto a lo que debería ser la interpretación de la que Freud analiza tan maravillosamente en su *Moisés*. Pero ahora ya ni modo de quitarle o ponerle, así es que diré lo que pinté tal cual está.

"El tema en particular es sobre Moisés o el nacimiento del Héroe; pero generalicé a mi modo (un modo reteconfuso) los hechos o imágenes que me dejaron mayor impresión al leer el libro. Lo que quise expresar más intensa y claramente fue que la razón por la cual las gentes necesitan inventar o imaginarse héroes y dioses es el puro miedo. Miedo a la vida y miedo a la muerte.

"Comencé pintando la figura de Moisés niño (Moisés en hebreo quiere decir aquel que fue sacado de las aguas, y en egipcio Mose significa niño). Lo pinté como lo describen muchas leyendas, abandonado dentro de una canasta y flotando sobre las aguas de un río. Plásticamente traté de hacer que la canasta, cubierta por la piel de animal, recordara lo más posible a una matriz, pero según Freud la cesta es la matriz expuesta y el agua significa la fuente materna al dar a luz a una criatura. Para centralizar ese hecho pinté el feto humano en su última etapa dentro de la placenta. Las trompas, que parecen manos, se extienden hacia el mundo. A los lados del niño ya creado puse los elementos de su creación el huevo fecundado y la división celular.

"Freud analiza en una forma muy clara, pero muy complicada para mi carácter, el importante hecho de que Moisés no fue judío y solamente pinté un chamaco que, en general, representara tanto a Moisés como a todos los que según la leyenda tuvieran ese principio, transformándose después en personajes importantes, guiadores de sus pueblos, es decir héroes, más abusados que los demás, por eso le puso el ojo avisor. En este caso se encuentran Sargon, Ciro, Rómulo, Paris, etcétera.

"La otra conclusión interesantísima de Freud es que Moisés, no siendo judío, dio al pueblo escogido por él para ser guiado y

salvado una religión, que tampoco era judía sino egipcia. Amenhotep IV revivió el culto al Sol tomando como raíces la anti-
quísima religión de Heliópolis. Por eso pinté al sol como centro
de todas las religiones, como primer dios y como creador y re-
productor de la vida. Esta es la relación que tienen las tres figuras principales en el centro del cuadro.

"Como Moisés ha habido y habrá gran cantidad de copetones
transformadores de religiones y de sociedades humanas. Se
puede decir que ellos son una especie de mensajeros entre la
gente que manejan y los dioses inventados por ellos, para poder
manejarla. De estos dioses hay un resto; naturalmente no me cupieron todos y acomodé, de un lado y otro del Sol, a aquellos que,
les guste o no, tienen relación directa con el sol. A la derecha los
de Occidente y a la izquierda los de Oriente. El toro alado
asirio, Amón, Zeus, Osiris, Horus, Jehová, Apolo, la Luna, la
Virgen María, la Divina Providencia, la Santísima Trinidad,
Venus y... el diablo. A la izquierda: el relámpago, el rayo y la
huella del relámpago, es decir, Hurakán, Kukulkán y Gukamatz;
Tláloc, la magnífica Coatlicue, madre de todos los dioses, Quet-
zalcóatl, Tezcatlipoca, la Centéotl, el dios chino Dragón y el
hindú Brahama. Me faltó un dios africano, pero no pude locali-
zarlo; se le podría hacer un campito.

"Habiendo pintado a los dioses que no cupieron en sus respectivos cielos, quise dividir el mundo celeste de la imaginación
y la poesía del mundo terreno del miedo a la muerte, entonces
pinté los esqueletos humano y animal que pueden verse. La
Tierra ahueca sus manos para protegerlos. Entre la muerte y el
grupo donde están los héroes no hay división ninguna, puesto
que también mueren y la tierra los acoge generosamente y sin
distinciones. Sobre la misma tierra, pintadas sus cabezas más
grandes para distinguirlos de las del montón, están retratados los
héroes (muy pocos de ellos, pero escogiditos), los transformadores de religiones, los inventores o creadores de éstas, los con-
quistadores, los rebeldes, es decir, los meros dientones. A la
derecha (a esta figura debí darle más relevancia que a ninguna)
se ve a Amenhotep, llamado más tarde Iknatón, joven faraón de
la 18a. dinastía egipcia (1370 A.C.) quien impuso a sus súbditos

una religión contraria a la tradición, rebelde al politeísmo, estrictamente monoteísta, con raíces lejanas en el culto de On, la religión de Atón, es decir, del Sol. No solamente adoraban al sol como ente material, sino como el creador y el conservador de todos los seres vivos, dentro y fuera de Egipto, cuya energía se manifestaba en sus rayos, adelantándose así a los más modernos conocimientos sobre el poder solar.

"Después Moisés —según el análisis de Freud— dio a su pueblo, adaptada, la misma religión de Iknatón, transformada un poco según los intereses y circunstancias de su tiempo. A esta conclusión llega Freud después de un minucioso estudio en el que descubre la relación íntima entre la religión de Atón y la mosaica, ambas monoteístas. (Toda esta parte del libro no supe cómo transportarla a la plástica.)

"Siguen Cristo, Zoroastro, Alejandro el Grande, César, Mahoma, Tamerlán, Napoleón y 'el infante extraviado': Hitler. A la izquierda la maravillosa Nefertiti, esposa de Iknatón. Me imagino que además de extraordinariamente bella debe haber sido una hacha perdida y colaboradora inteligentísima de su marido. Buda, Marx, Freud, Paracelso, Epicuro, Gengis Kan, Gandhi, Lenin y Stalin. El orden es gacho, pero lo pinté según mis conocimientos históricos, que también lo son. Entre ellos y los del montón pinté un mar de sangre con el que significo la guerra. Y, por último, la poderosa y nunca bien ponderada masa humana, compuesta por toda clase de bichos: los guerreros, los pacíficos, los científicos y los ignorantes, los hacedores de monumentos, los rebeldes, los porta-banderas, los lleva-medallas, los habladores, los locos y los cuerdos, los alegres y los tristes, los sanos y los enfermos, los poetas y los tontos, y toda la demás raza que ustedes gusten que exista en esta poderosa bola. Nada más los de adelantito se ven un poco claros, los demás. . . con el ruido no se supo.

"Del lado izquierdo, en primer término, está el Hombre, el constructor, de cuatro colores (las cuatro razas). Del lado derecho, la Madre, la creadora, con el hijo en brazos. Detrás de ella el Mono. Los dos árboles que forman un arco de triunfo son la vida nueva que retoña siempre del tronco de la vejez. En el centro, abajo, lo más importante para Freud y para muchos otros: el Amor, que está representado por la concha y el caracol, los dos sexos, a los que envuelven raíces siempre nuevas y vivas. Esto es todo lo que puedo decir de mi pintura."

Durante abril de 1946 pinta *El venado herido* y el 3 de mayo se lo entrega a los esposos Lina y Arcady Boitler con estos versos:

Ahi les dejo mi retrato
pa' que me tengan presente
todos los días y las noches
que de ustedes yo me ausente.

La tristeza se retrata
en todita mi pintura
pero así es mi condición,
yo no tengo compostura.

Sin embargo la alegría
la llevo en mi corazón
sabiendo que Arcady y Lina
me quieren tal como soy.

Acepten este cuadrito
pintado con mi ternura
a cambio de su cariño
y de su inmensa dulzura.

En 1946 regresó Frida a Nueva York para someterse a una muy complicada intervención quirúrgica. El 30 de junio le escribe a Gómez Arias: "Ya pasé *the big* trago operatorio. Hace tres *weeks* que procedieron al corte y corte de *huesores*. Y es tan maravilloso este medicamen, y tan lleno de vitalidad mi *body*, que hoy ya procedieron al pren en mis *puer feet* por dos minutillos, pero yo misma no lo *belivo*. Las dos first semanas fueron de gran sufrimiento y lágrima, pues los dolores no se los deseo a *nobody* —son *buten* de estridentes y malignos, pero ya en esta semana aminoró el alarido y con ayuda de *pastillámenes* he sobre-

vivido más o menos bien. Tengo dos cicatrizotas en *the* espaldi-
lla en *this* forma (*dibujo*). Procedieron al arranque del cacho de
pelvis para injertarlo en la columnata, que es donde la cicatriz
me quedó horripilante y más derechita. Cinco vertebrellas eran
las dañadas y ahora van a quedar cual *riflamen*. Nada más que
qué calor y ya no sabemos qué hacer. ¿Qué hay en México?
¿Qué pasa con la raza por allá?''

A su regreso sigue cultivando la amistad de los Boitler y el 31
de agosto de 1947 le envía a él, conocido productor de cine,
este recado:

"Arcasha precioso, quise hacer un dibujo de tu bella efigie y
me salió un poco 'horrendo', pero si las buenas intenciones sirven para algo, va lleno de ellas, además de todo mi cariño. Si te
extraña el símbolo-ojo que te puse en la frente, es solamente
mi deseo de expresar en plástica lo que creo que tú guardas
dentro de ti y pocas veces dices: una prodigiosa imaginación,
inteligencia y una profunda observación de la vida. ¿No es
cierto? Hoy, en tu día de cumpleaños, y toda tu vida te desea
que seas muy feliz, tu venadito, Frida."

En los años siguientes entra con desesperante frecuencia a los
hospitales. Ella describió así esta etapa: "He estado enferma un
año: 1950-1951. Siete operaciones en la columna vertebral. El
doctor Farill me salvó. Me volvió a dar alegría de vivir. Todavía
estoy en la silla de ruedas y no sé si pronto volveré a andar. Tengo el corsé de yeso que a pesar de ser una lata pavorosa, me
ayuda a sentirme mejor de la espina. No tengo dolores. Solamente un cansancio. . . y como es natural muchas veces desesperación. Una desesperación que ninguna palabra puede describir.
Sin embargo tengo ganas de vivir. Ya comencé a pintar el cuadrito que voy a regalarle al doctor Farill y que estoy haciendo con
todo cariño para él. Tengo mucha inquietud en el asunto de mi
pintura. Sobre todo para transformarla, para que sea algo útil,
pues hasta ahora no he pintado sino la expresión honrada de mí
misma, pero alejada absolutamente de lo que mi pintura pueda
servir al Partido. (Se refiere al Partido Comunista; el último
carnet de afiliada esta expuesto en el Museo Frida Kahlo). Debo
luchar con todas mis fuerzas para que lo poco de positivo que

mi salud me deja sea en dirección de ayudar a la Revolución. La única razón real para vivir."

El 11 de febrero de 1954 escribe en su diario: "Me amputaron la pierna hace seis meses, se me han hecho siglos de tortura y en momentos casi perdí la razón. Sigo sintiendo ganas de suicidarme. Diego es el que me detiene por mi vanidad de creer que le puedo hacer falta. El me lo ha dicho y yo lo creo. Pero nunca en la vida he sufrido más. Esperaré un tiempo. . ."

Como si hubiera tratado de conjurar su obsesión suicida, el 24 de abril de 1954 escribe: "Salí sana. Hice la promesa, y la cumpliré, de jamás volver atrás. Gracias a Diego, gracias a Tere (Se refiere a Teresa Proenza, revolucionaria cubana y amiga entrañable que colaboró con el general Heriberto Jara y Elena Vázquez Gómez en la organización del Movimiento Mexicano por la Paz; posteriormente fue secretaria de Rivera hasta la muerte del pintor), gracias a Gracielita y a la niña, gracias a Judith (Judith Ferreto, costarricense, fue celosa enfermera y fidelísima amiga), gracias a Isaura Mino, gracias a Lupita Zúñiga, gracias al doctor Ramón Parrés, gracias al doctor Glusker, gracias al doctor Polo, al doctor Armando Navarro, al doctor Vargas, gracias a mí misma y a mi voluntad enorme de vivir entre todos los que me quieren y para todos los que yo quiero. ¡Que viva la alegría, la vida, Diego, Tere, mi Judith y todas las enfermeras que he tenido en mi vida, que me han tratado tan maravillosamente bien! ¡Gracias al pueblo soviético, al pueblo chino, al checoslovaco y al polaco y al pueblo de México, sobre todo al de Coyoacán, donde nació mi primera célula que se incubó en Oaxaca, en el vientre de mi madre, que había nacido allí (En el acta de nacimiento de Frida su madre figura como nacida en la ciudad de México), casada con mi padre Guillermo Kahlo, mi madre Matilde Calderón, morena campanita de Oaxaca. Tarde maravillosa que pasamos aquí en Coyoacán, cuarto de Frida-Diego, Tere y yo, señora Capulina, señor Xólotl, señora Kostic." (Los tres últimos nombres corresponden a los perros pelones que permanecían mucho tiempo junto a Frida y dormían a los pies de su cama.)

Pictóricamente Frida representó su dolor en todas las versio-

nes posibles: analíticas o simbólicas, líricas o burlescas. Extraordinaria retratista, la serie de sus autorretratos es un ejemplo
admirable de la expresión intensiva pero nunca repetida de un
mismo elemento. Colocados uno tras otro los dibujos y pinturas
de su rostro cetrino y cejijunto, con su gran mata de pelo oscuro, sus labios agresivamente sensuales, la mirada alerta, la frente
alzada y el óvalo rotundo, casi viril, su conjunto exalta —como
posiblemente no lo haya hecho otra obra de arte en el mundo
entero— la condición humana de ser uno mismo y siempre diferente, idéntico y cambiante.

IV DE SU TIEMPO ESTETICO

En 1947 el Instituto Nacional de Bellas Artes presentó una exposición de 45 autorretratos de pintores mexicanos desde el siglo XVIII al XX. Sólo cuatro mujeres participaron: María Izquierdo, Isabel Villaseñor, Olga Costa y Frida Kahlo. En la ficha biográfica de Frida figuraba como año de nacimiento 1910, y así se siguió escribiendo; inclusive Diego Rivera, en una biografía escrita por él para una exposición de pintura mexicana en Lima, Perú, ponía como fecha el 7 de julio de 1910. Pero resulta que esa cronología no era la correcta y esto vino a saberse a causa de la llegada a México en 1981 de dos profesionales de la televisión de Alemania Federal: la libretista Gislind Nabakowsky y el camarógrafo Peter Nicolay, quienes estaban realizando una película de media hora para ser proyectada en la televisión germanoccidental. Con el deseo de que en esa película aparecieran algunas novedades, le rogué al escritor Marco Antonio Campos que acompañara a los cineastas alemanes con su madrina Isabel Campos, la amiga íntima de Frida, madrina también del nonato Leonardo. Juntas habían cursado la escuela primaria en Coyoacán y la relación entre ellas fue permanente y de gran confianza. En el curso de la entrevista Isabel Campos le comentó a los alemanes que ese año de 1910 era un error, pues Frida era un año menor que ella, nacida en 1906. Bastó consultar su acta de nacimiento para dar la razón a Isabel, pero la corrección de tres años habrá que seguirla haciendo siempre pues no es poca la literatura que consigna la fecha alterada.

Ese año de 1910 fue el de consolidación del futurismo, muchos de cuyos postulados influyeron a los artistas mexicanos, en especial al Dr. Atl, a David Alfaro Siqueiros y a los estridentistas. En 1909 los futuristas habían publicado el *Primer manifiesto del futurismo; pero en 1910* divulgaron dos importantes y definitivos documentos: el *Manifiesto de los pintores futuristas* y el *Manifiesto técnico de la pintura futurista.* El primero, de estilo extremadamente literario y cargado de absurdos "poéticos", lo firmaba el cohete propulsor de ese movimiento: el escritor (que también escribía poesía) Felipe Tomás Marinetti. Ahora, en la era de la cosmonáutica, hay frases de aquel escritor que adquieren un sentido más premonitorio y menos absurdo. Por ejemplo: "Finalmente la mitología y el ideal místico están superados. Vamos a asistir al nacimiento del Centauro y pronto veremos volar los primeros ángeles." Y más adelante Marinetti clamaba: " ¡Salgamos de la sabiduría como de una horrenda cáscara y lancémonos, como frutos fermentados de orgullo, en la boca inmensa y torcida del viento! ¡Seamos el pasto de lo desconocido, no ya por desesperación, sino solamente para colmar los pozos profundos de lo Absurdo!" Después venían algunas sentencias que hicieron historia y la siguen haciendo: "Nosotros afirmamos que la magnificencia del mundo se ha enriquecido con la belleza: la belleza de la velocidad. Un automóvil de carrera, con su radiador adornado de gruesos tubos parecido a serpientes de aliento explosivo, un automóvil que ruge, que parece correr sobre la metralla, es más bello que la Victoria de Samotracia. Nosotros queremos celebrar al hombre que tiene el timón, cuyo eje ideal atraviesa la Tierra, lanzada en la carrera, ella también, sobre el circuito de su órbita (...) Ya no existe la belleza fuera de la lucha. Ninguna obra que no tenga un carácter agresivo puede ser obra de arte (...) ¡Nosotros estamos sobre el promontorio extremo de los siglos! ¿Por qué deberíamos mirar hacia atrás si queremos echar abajo las misteriosas puertas de lo Imposible? El tiempo y el espacio murieron ayer. Nosotros ya vivimos en lo absoluto, porque ya hemos creado la velocidad eterna omnipresente (...) Nosotros queremos destruir los museos, las bibliotecas, las academias de todo tipo (...) Museos: ¡Cementerios! Idénticos, verdaderamente, por la siniestra promiscuidad de tantos cuerpos que no se conocen. Museos: ¡Dormitorios públicos, en los cuales se descansa para siempre al lado de seres odiosos o desconocidos! Museos: ¡Absurdos mataderos de pintores y escultores que van matándose ferozmente a golpes de colores y líneas, a lo largo de paredes disputadas! Se deben visitar como en un peregrinaje una vez al año, igual que se va al cementerio el Día de los Difuntos. Esto lo concedemos. Que se vaya una vez al año a depositar un homenaje de flores delante de la Gioconda, lo concedemos."

Y con una euforia que después —y ahora— la reacción, el fascismo, el oscurantismo, el imperialismo agresivo y voraz convertiría en trágica realidad, el poeta italiano pedía: "¡Vamos! Enciendan los estantes de las bibliotecas. Desvíen el curso de los canales para inundar los museos! ¡Oh, la alegría de ver flotar a la deriva, laceradas y desteñidas sobre aquellas aguas, las viejas telas gloriosas! Agarren los picos, las hachas, los martillos y destruyan, destruyan sin piedad las ciudades veneradas!" ¿Habrá supuesto Marinetti que su llamamiento encontraría una respuesta tan contundente, tan amplia, tan grandiosa como el incendio de Londres, el bombardeo de Dresde, la destrucción de Hiroshima, el ecocidio de Vietnam, el genocidio de Beirut? Porque este *Manifiesto* producido antes de la Primera Guerra Mundial debió esperar la Segunda para ver museos y bibliotecas hechos polvo y la guerra de Vietnam para encontrar ciudades como Hue destruidas "sin piedad", no con martillo, hachas o picos, sino con bombas de alta potencia y efecto diverso. Cabe aclarar, para evitar todo equívoco, que el fascismo italiano en el poder no premió al futurismo, el cual arraigó en un sector de la vanguardia intelectual. Daba premios a un neoclasicismo recalentado, vacuo y ampuloso, o a un naturalismo obvio, como el que practicaba Afro antes de triunfar con ese abstraccionismo celestial o atmosférico que tanto influyó en otra personalidad desventurada de la pintura mexicana: Lilia Carrillo.

El *Manifiesto* de los futuristas lo firmaron cinco pintores de talento: Boccioni, Carrá, Russolo, Balla y Severini. Protestante,

vehemente, moralizante en el fondo como todo lo futurista,
contenía la expresión de una necesidad. "Nos rebelamos contra
la admiración pasiva por las viejas telas, las viejas estatuas, los
objetos viejos y contra el entusiasmo por todo lo que tiene co-
mején, sucio, corroído por el tiempo, y consideramos injusto,
delictivo, el habitual desprecio por todo lo que es joven, nuevo,
palpitante de vida (...) En el país de la estética tradicional
toman vuelo hoy inspiraciones brillantes de novedad. Sólo es
vital aquel arte que encuentra sus propios elementos en el ambiente que lo rodea. Como nuestros antepasados encontraron
materia de arte en la atmósfera religiosa que dominaba sus
almas, así nosotros debemos inspirarnos en los milagros tangi-
bles de la vida contemporánea, en la férrea red de velocidad que
envuelve la Tierra, en los trasatlánticos, en la *Dreadnought*, en
los vuelos maravillosos que surcan los cielos, en las osadías tene-
brosas de los navegantes submarinos, en la lucha espasmódica
por la conquista de lo desconocido. ¿Podemos permanecer
insensibles a la frenética actividad de las grandes capitales?"
Aunque nacida al mismo tiempo que el futurismo, ni por
instinto ni por voluntad intelectual Frida Kahlo militó en esa
corriente. La idea del vuelo, que está presente en muchas páginas de su diario, no la identifica ella con las máquinas voladoras
sino con la libertad del espíritu y los alcances ilimitados de la
fantasía. "Pies para qué los quiero, si tengo alas pa' volar", escribió alguna vez. En la obra de Frida hay una sobredeterminación
de lo real concreto, fenómeno que en sus cuadros se produce
con sinceridad tan intensa que muchas cualidades absolutamente mexicanas de sus imágenes se universalizan.
Denominador común de los pintores surrealistas es tener una
gran deuda con tradiciones añejas y ser creadores de iconogra-
fías inconfudiblemente personales. Frida le debe mucho a los
encantadores retratos fotográficos que se hicieron en México en
la segunda mitad del siglo pasado; le debe también a los retablos
que agradecen a Dios o a los santos la continuación de la vida a
pesar de las más horrendas desgracias, y le debe, más que a nada
y a nadie, al arte popular mexicano el orgullo señorial deposita-
do en materiales deleznables, la fuerza monumental desarrollada

en dimensiones pequeñas y el desparpajo irónico ante lo macabro. Estos factores contradictorios son la mejor prueba de su rebelión ante la adversidad. Vida y obra como afirmación y reafirmación de lo viviente.

La idea de que el origen del arte se encuentra en la enfermedad o en la irritabilidad nerviosa es de origen romántico y a este respecto cabe recordar que el horizonte de lo moderno en arte se abre con el Romanticismo y se ensancha con los movimientos de vanguardia de fines del siglo XIX y primeras décadas del XX, vanguardias que han encontrado renuevos al calor del desarrollo técnico y científico. También es de origen romántico el criterio de que las fuentes de la creación se encuentran en lo profundo del alma, en aquella región oscura, misteriosa, de la que emergen los mitos y la fe religiosa. Artistas neuróticos los ha habido siempre, mas el estado de ánimo neurótico propio del Romanticismo sólo adquiere significación decisiva cuando el arte deja de ser un asunto público. El sentimiento de su "inutilidad" despierta en el artista tanto un exagerado concepto de sí como un febril afán de originalidad y un narcisismo desmesurado.

Frida tenía diecisiete años, sufría las leves consecuencias de la poliomielitis y aún no padecía el accidente que condicionaría su existencia, su temperamento y su arte, cuando André Breton publicó el primer *Manifiesto del surrealismo*. En 1938, con un memorable artículo que le dedicó el teórico y sostén internacional del surrealismo, Frida Kahlo de Rivera (así se tituló el escrito de Breton) quedó encasillada entre los pintores surrealistas, calificación que fue refrendada durante la Exposición Internacional del Surrealismo que en los meses de enero y febrero de 1940 se presentó en la Galería de Arte Mexicano, organizada por André Breton, Wolfgang Paalen y César Moro, y en la que hubo "relojes videntes, perfume de la quinta dimensión, marcos radiactivos e invitaciones quemadas", además de la "aparición de la gran esfinge nocturna".

El crítico y pintor español Ramón Gaya, testigo del acto inaugural, escribió en el número 2 de la revista *Romance* (febrero 15 de 1940): "Para inaugurar su nuevo local la Galería de Inés Amor ha reunido algunas obras de pintores *parisinos* que junto con algunas otras de artistas mexicanos forman una Exposición Internacional Surrealista de mucho interés. De mucho interés y. . . nada más. Anacrónica, sí, y por eso quizá de tanto interés para nosotros, puesto que su anacronismo, su distancia, su lejanía nos permiten encontrar eso que un poco vagamente veníamos ya sintiendo y pensando respecto del surrealismo. En la fiesta inaugural, siendo como era materialmente imposible ver los cuadros expuestos, se veía, se comprendía, sin embargo, mejor que nunca lo que el surrealismo es ya: se descubría que esta exposición, como dijo alguien, nos resulta hoy demasiado tardía para ser presente y 'demasiado próxima para ser historia'. En una palabra, nos resulta vieja. Y en arte no puede, no debe existir la vejez. De ahí que toda la exposición, en conjunto, produzca esa impresión de escombros, de residuos, de objetos empolvados, de cenizas. Lo único vivo que hay allí es la personalidad, el espíritu poderoso de tal o cual pintor, revelándose en su obra no gracias al surrealismo, sino saltando, como salvándose de sus mismas ruinas. (. . .) Tras la bonita pero sosa y débil aparición de la *Esfinge de la noche*, todo se desenvolvió en el más amable, cariñoso, bueno, burgués y normal de los ambientes. Nadie, por lo tanto, se sentía surrealista verdaderamente. Todo tenía el carácter de una visita muy cumplida que se le hiciera al surrealismo, pero no de un encuentro entrañable y fogoso. (. . .) Ni siquiera estaba ese señor que sintiéndose insultado arremete furioso contra el surrealismo. No, el surrealismo ha perdido ya sus indignados enemigos, no hiere a nadie, se convirtió en algo casi color de rosa, en algo *chic*, en algo de buen gusto. Y cuando un movimiento de la violencia, la exageración y la extremosidad del surrealismo pierde sus detractores, quiere decirse que ha perdido también su fuerza, su razón de ser (. . .) El surrealismo ha muerto tan sólo como lucha, como escuela, como desplante, como aviso; ha muerto, en fin, como movimiento. El movimiento cumplía con su deber; la lucha ha terminado. Ha terminado y ha vencido, porque conquistó para el arte cosas que ya no ha de perder posiblemente nunca. Y nos quedará, sin notarlo, un surrealismo esencial, profundo, sin espectacularidad ni gritos, muy por dentro. Pero en todas las guerras sucede algo semejante. De tanto guerrear y sufrir la guerra, los guerreros y las gentes todas terminan con una embriaguez que llegan a confundir la guerra misma con su finalidad. Por eso hoy tenemos esa impresión tan fea cuando nos tropezamos con un poeta o pintor que son aún practicantes del surrealismo ortodoxo. Es como si no se hubieran dado cuenta que ha empezado la paz y siguieran con sus armas a cuestas. La beatería, la obseccación de esos poetas y esos pintores nos demuestra que nunca supieron verdaderamente del surrealismo y que el alistamiento en sus filas se debe, sobre todo, a que creyeron con toda ingenuidad que luchaban por una causa completamente nueva; nos demuestra que esa beatería no es convicción profunda, sino esnobismo estúpido. (. . .) Hoy, las señoras que hojean el *Vogue*, los señores de buen gusto que se encargan muebles surrealistas siguen, naturalmente, sin saber nada verdadero del surrealismo, pero les *suena* ya a cosa *bonita*. Encantándoles ese surrealismo color de rosa, sabrán, por lo menos, transigir con el otro, con el esencial, con el profundo.''

El comentario de Ramón Gaya, hecho al calor de los acontecimientos, es testimonio indispensable debido a su justa ubicación del acontecimiento, más aún cuando la Exposición Internacional del Surrealismo ha sido mitificada en exceso. En el proceso de sobrevaloración los hechos y sus protagonistas han perdido realidad histórica.

Esta exposición reunió esculturas, dibujos, fotografías, reproducciones, pinturas, frotagges, rayogramas, collages, objetos, grabados y calcomanías de Hans Arp, Hans Bellmer, Denise Bellon, Victor Brauner, Manuel Alvarez Bravo, Serge Brignoni, Graciela Arcanis-Brignoni, Giorgio De Chirico, Salvador Dalí, Paul Delvaux, Oscar Domínguez, Marcel Duchamp, Marx Ernst, Espinosa, Gordon Onslow Ford, Esteban Frances, Alberto Giacometti, Humphrey Jennings, Frida Kahlo, Wassily Kandinsky, Paul Klee, René Magritte, André Masson, Matta Echaurren, Joan Miró, Henry Moore, César Moro, Meret Oppenheim, Alice Paalen, Roland Penrose, Wolfgang Paalen, Francis Picabia, Pablo Picasso, Man Ray, Remedios, Diego Rivera, Kurt Seligman, Eva Sulzer, Yves Tanguy, Raoul Ubac, De la Landelle, Agustín

Lazo, Manuel Rodríguez Lozano, Carlos Mérida, Guillermo
Meza, Moreno Villa, Roberto Montenegro, Antonio Ruiz,
Xavier Villaurrutia. De los mexicanos, sólo Frida, Rivera y Alvarez Bravo fueron catalogados en la sección internacional. A los
demás se les agrupó como "pintores de México", después de los
dibujos de alienados, del arte prehispánico, de las máscaras
populares de Guadalajara y Guerrero, y después del que llama-
ron "arte salvaje", que comprendía máscaras de Nueva Guinea,
de Nuevo Necklenburgo y esculturas africanas. Revoltura nostál-
gica reunida en torno a los objetos que los emigrados por la
Segunda Guerra Mundial habían traído a México.

Quien figuraba en aquel catálogo con el solo nombre de
Remedios era entonces la esposa del poeta Benjamín Péret, y
después se convertiría en la famosa pintora Remedios Varo.
Alice Paalen desarrolló en México su propia personalidad como
Alice Rahon.

Frida participó en esa exposición con el muy conocido *Las
dos Fridas* (1939) y el muy bello *La mesa herida* (1940). Con
anterioridad había expuesto en muestras colectivas de importancia, como la inaugural de la Galería de Arte del Departamento
de Acción Social de la Universidad Nacional Autónoma de
México, que dirigía Julio Castellanos. Junto a obras de José Cle-
mente Orozco, David Alfaro Siqueiros, Diego Rivera, Fermín
Revueltas, Gabriel Fernández Ledesma, Dr. Atl, Antonio Ruiz,
Roberto Montenegro, Luis Ortiz Monasterio, Mardoño Magaña,
Germán Cueto, Guillermo Ruiz, María Izquierdo, Juan O'Gor-
man, Federico Cantú, Jesús Guerrero Galván, Julio Castellanos,
Agustín Lazo, Carlos Mérida, Rufino Tamayo, Carlos Orozco
Romero y Alfredo Zalce, Frida presentó el cuadro titulado
Arbol genealógico, óleo de 1936.

Esa exposición se consideró un verdadero suceso para el medio artístico, y en el acto de apertura de la Galería de Arte, cele-
brado el 23 de septiembre de 1937, Salvador Azuela, entonces
jefe del Departamento de Acción Social de la Universidad
Nacional de México, pronunció un discurso (publicado en el
No. 21, tomo IV de la revista *Universidad*, "mensual de cultura
popular", de octubre de 1937, cuyo director era Miguel N. Lira)

en el que expresó que se daba "otro paso para superar la esfera docente de la pura preparación profesional y desplazarse hacia la cultura, cuyo proceso se resuelve siempre en un acto creador.

"Aspecto esencial en la formación espiritual del hombre es la educación de las emociones. Si alguna influencia social está dotada de contenido emotivo es la obra estética. Por eso ningún centro docente —menos una universidad— puede ser ajeno a esta modalidad de la formación humana. La más vigorosa manifestación de personalidad de nuestro pueblo apunta en nuestro movimiento pictórico contemporáneo, movimiento en el cual se alcanza mejor el sentido profundo de los acontecimientos conocidos bajo el rubro de la Revolución Mexicana, orientada hacia la búsqueda de nuestra propia expresión.

"En este acto de apertura de su Galería de Arte importa definir, con claridad, la interpretación universitaria de este nuevo trabajo que realiza nuestra institución. Los propios postulados que la Universidad estima como fundamento de su arquitectura espiritual serán norma de la Galería. En la Universidad Nacional se ha hecho bandera de lo que generalmente se conoce bajo el dictado de autonomía. Autonomía como capacidad para autodeterminarse en la esfera de dirección de la cultura superior de la República, que si significa una órbita privativa ante el poder público, no implica el concepto ni su realización, desconocimiento o actividad negativa, del servicio público que las formas supremas de la educación del país constituyen. Autonomía, también, respecto de toda clase de organizaciones políticas, económicas, religiosas, artísticas e intelectuales. El pensamiento de la función universitaria, así concebido, se ha integrado en un ambiente en el que nadie puede ser coaccionado, que garantiza la más amplia posibilidad de adhesión o repulsa puntualmente a las posiciones doctrinales que se disputan la dirección del espíritu contemporáneo, que tiene cabal acogida en esta casa.

"Los principios de la Universidad, la naturaleza misma del Instituto, presuponen una tarea política. La Universidad, ciertamente, hace política, pero la hace en el concepto platónico, aristotélico de la palabra, cumpliendo el deber de colaborar en el bien público, de intervenir en la orientación moral de la vida de la ciudad; no haciendo política electoral, facciosa o personal.

"En esta Galería de Arte privará, pues, el criterio de mayor simpatía para todos los artistas, sin restricción de cenáculos o escuelas. La única barrera limitativa de la Galería, además de la jerarquía artística, será la misma que la Universidad se ha impuesto, la de no ser instrumento para realización de móviles de política militante.

"En estas breves palabras debo decir que la Universidad rinde hoy homenaje al tipo de artista más respetable: al proscrito, al perseguido, al inadaptado, al que no entiende su arte desposeído de un sentido de permanencia trascendental, al que rehuye hacer el papel de cortesano en pobre actitud de halago a los poderosos, ligando su obra al éxito inmediato. Debemos expresar nuestra pleitesía a los artistas del tipo 'de los grandes altivos que no han conocido señor ni bajeza'.

"La Universidad Nacional de México —terminaba expresando Salvador Azuela— entrega esta Galería a la generosidad, a la comprensión, al rango moral de los artistas mexicanos. Al inaugurarla debo decir, en nombre de la institución, nuestro voto por que la obra de los artistas de la República sea más mexicana, en la medida en que sea más universal y humana. ¿Porque qué es, qué ha sido siempre toda universidad, sino una aspiración de universalidad?"

En noviembre de 1938 Frida encabeza con Diego Rivera la lista de casi un centenar de firmantes del documento dirigido "A los trabajadores de México" para inforrmar del atentado que habían sufrido las pinturas murales que Juan O'Corman realizara para la sala de espera del Puerto Central Aéreo de la ciudad de México. Por su importancia como testimonio de un momento crítico que vivía el país debe recordarse íntegramente, tal como se reprodujo en el No. 3, del 1o. de diciembre de 1938, de la revista *Clave*, "tribuna marxista", cuyo cuerpo de redacción estaba integrado por Adolfo Zamora, José Ferrel y Diego Rivera.

"Por orden expresa del subsecretario de Comunicaciones y Obras Públicas, Modesto Rolland y del jefe del Aeronáutica Civil, general L. Salinas, se cometió el acto vandálico de la destrucción de las pinturas de Juan O'Gorman en el Puerto Central

Aéreo de México. Esta destrucción se llevó a cabo en una forma brutal, digna de la firma de un jefe de Estado totalitario, con toda la saña y odio a la cultura y al arte de que es capaz un ignorante autócrata, pasando por encima de los preceptos constitucionales de las garantías individuales y permitiéndose el lujo de burlarse de las normas de libertad de expresión establecidas por la lucha de las masas durante siglos. Tal parece que la mano del C. subsecretario Rolland está dirigida por Hitler.

"¿Por qué obraron así los señores Rolland y Cía? El propio Rolland contesta esta pregunta en su oficio número 11/1905 del 7 de noviembre, dirigido al pintor O'Gorman, en el que dice textutalmente: 'Habiéndose permitido poner grabados con letreros a todas luces inmorales y haber también pintado cabezas con parecidos de jefes de gobiernos de Estado a quienes ninguna razón hay para insultar como usted lo ha hecho, volvemos a decirle por escrito que si no está usted dispuesto a borrar todo lo que estas pinturas tienen de inconveniente tendremos nosotros que hacerlo por su cuenta.'

"Uno de los letreros que el caballero Rolland mandó borrar era el siguiente: 'Con la revolución comunista los proletarios no tienen nada que perder, como no sean sus cadenas y en cambio tienen un mundo que ganar.' Carlos Marx y Federico Engels, del Manifiesto Comunista. Nuestro ilustre caballero calificó de inmoral esta cita, lo cual no nos extraña en boca del que fue portaestandarte y apóstol del impuesto único sobre la renta; pero lo que no se explica es cómo el general Cárdenas tolera en su gabinete a este distinguido señor.

"Por lo que hace a las cabezas con parecidos de jefes de gobiernos de Estados a quienes ninguna razón hay para insultar, preguntamos a usted, don Modesto: ¿Por qué se adelantó usted a una reclamación diplomática? ¿Por temor a sus verdaderos jefes que más que Lázaro Cárdenas y Francisco J. Mújica son Hitler y Mussolini, por quienes usted tanto se inquieta? ¿Cree usted que habría algún ministro extranjero tan inteligente y perspicaz como usted que reclamara a México sabiendo que Hitler no tiene barbas y Mussolini no tiene cuernos? ¿Considera usted, señor subsecretario, que el arte en México debe estar bajo la tutela intelectual de alguno de esos jefes de Estado tan gratos a usted?

"¿Por qué no dejó usted que el pintor O'Gorman, cuya firma aparecía en la pintura, cargara con la responsabilidad de sus propios actos? ¿Es que teme usted, señor subsecretario, perder algún subempleo de subordinado al subfascismo, con que la subburguesía mexicana sujeta al imperialismo trata de entregar a México al poder de los países totalitarios?

"¿Cree usted que no hay ninguna razón para insultar a quien ha mandado quemar los libros de Schiller, de Heine, de Marx y de Engels; a quien por el asesinato de un diplomático ha cobrado millones de marcos; al perseguidor del genio de la física moderna, Einstein; al perseguidor de los grandes artistas Paul Klee, Kandinsky y Jorge Grosz; a quien ha prohibido pintar al anciano, glorioso Libermann; al restaurador de la religión de Woltan y Thoor, culto de época de barbarie, a quien asegura acabar bien pronto con la raza de los filósofos alemanes, que han esclarecido al mundo, y a quien asegura que los obreros ya no tienen necesidad de pensar porque el ministro nazi de Propaganda lo hace por ellos?

"Posiblemente el modesto ingeniero Rolland, inventor de un famoso aparato para hacer tortillas, y de la multiplicación del suelo de la República Mexicana colgando huacales llenos de tierra en los árboles para plantar papas, se ha aturdido con el supuesto que desempeña, acordándose ahora que lleva el nombre del heroíco y célebre Par de Francia que partió una gran peña en Roncesvalles con su espada antes de morir. ¿Será realmente nuestro modesto inventor don Modesto descendiente de Rolland de Carlomagno?

"Por los trabajadores que han sido reducidos a la esclavitud en los campos de concentración, atormentados y asesinados vilmente, los trabajadores mexicanos deben ver lo que significa que un subsecretario de Estado de México se declare desde el poder defensor oficioso de los enemigos del proletariado y por escrito hable en nombre del Estado mexicano en el tono de un capitalista que pisotea los derechos más elementales de la expresión del pensamiento. El proletariado debe ver en los actos del caballero Rolland, desgraciadamente hasta ahora respaldado por el silencio del Ejecutivo, del que fue uno de los fundadores del Partido Comunista, Francisco J. Mújica, hoy jefe de Rolland, los actos de un enemigo de los trabajadores descarándose con un acto vandálico, típico de un poder policiaco totalitario, al destruir las pinturas del Puerto Central Aéreo, pinturas de un artista mexicano que defendían los intereses de la clase trabajadora."

Junto a Diego y Frida, firmaron, entre otros, Roberto Montenegro, Antonio Ruiz, Manuel Rodríguez Lozano, Carlos Orozco Romero, Ernesto García Cabral, Jesús Guerrero Galván, Fidencio Castillo, Francisco Zúñiga, María Izquierdo, Gabriel Fernández Ledesma, Feliciano Peña, José Chávez Morado, Raúl Cacho, Enrique Yáñez, Julio Prieto, Manuel Alvarez Bravo, Octavio Barreda, Octavio Paz, Ermilo Abreu Gómez, Elías Nandino, Julio Castellanos, Rosendo Salazar Alamo, Neftalí Beltrán, Rodolfo Usigli, Salvador Novo, Germán Cueto, Carlos Chávez, Julio Bracho, Andrés Henestrosa, Rafael Solana, Agustín Yañez y Frances Toor. Desde los Estados Unidos se sumó a la protesta Rufino Tamayo.

Pero en verdad no se podría caracterizar la política hacia las artes del gobierno de Cárdenas al través de ese grave incidente. Cárdenas no había concebido el apoyo al desarrollo del arte (como ocurriría después en el periodo de Miguel Alemán) a manera de un mecanazgo ejercido más o menos arbitrariamente por el poderoso, buscando un voluntario equilibrio entre la demagogia populista y el arte para las élites, aplaudiendo simultáneamente la formación de valiosísimas colecciones particulares.

Cárdenas se negó a ser el modelo obligado de los encargos oficiales, como ocurriría en el periodo de Adolfo López Mateos, en los numerosos murales pintados en edificios del Instituto Nacional de la Juventud Mexicana, dependencia de la Secretaría de Educación Pública, donde en la composición plástica el presidente aparecía siempre brindando los beneficios de la cultura y el deporte a muchachos y muchachas de clases populares. Durante su mandato el acento de la producción artística se puso en las repercusiones sociales de la misma. Cárdenas les dijo a los artistas: ". . . en un pueblo donde el porcentaje de analfabetas es muy alto, donde la clase obrera se está organizando, donde la lucha contra el imperialismo y por la liberación económica cobra vuelos, a la vez que se trata de reivindicar a los más desvalidos y se protege la libertad de expresión, los caminos de la cultura al servicio de las mayorías son muchos, recórranlos."

Si la libertad de expresión fue agredida de manera brutal en los murales de Juan O'Gorman, ello se debió o fue una de las muchas consecuencias del boicot impuesto a México por la expropiación petrolera. México, para sobrevivir, debió vender su petróleo a la Alemania de Hitler.

En un orden totalmente inverso podríamos situar las actividades de la Liga de Escritores y Artistas Revolucionarios (LEAR). Aunque fundada en 1933, fue en el lapso 1935-1938 cuando conoció su etapa más fecunda. Cómo olvidar que fue en 1937 cuando Leopoldo Méndez y sus compañeros fundan el Taller de Gráfica Popular, donde además de una cartelería vivaz que tapizaba y politizaba a la población de la capital y de todo el país, se editó en 1938 el formidable portafolio *La España de Franco*. Contenía quince litografías del más profundo expresionismo social realizadas por Raúl Anguiano, Luis Arenal, Xavier Guerrero y Leopoldo Méndez. El prólogo de ese portafolio estaba escrito con las palabras corrientes en el medio artístico durante el periodo cardenista:

"Un grupo de artistas mexicanos de trayectoria democrática y revolucionaria —decía—, al lado, como es natural, de la España republicana, ha necesitado expresar su adhesión auténtica al heroico pueblo español, realizando lo que se halla más dentro de sus posibilidades expresivas: un álbum de dibujos litográficos estampados en su taller de trabajadores de la plástica. *La España de Franco* recoge una versión irónica, dramática a veces, esencial, suma de documentos ciertos de lo que ocurre en la España que dicen franquista, aunque sabemos bien que dominada transitoriamente por Alemania y por Italia. Los artistas que dibujaron sobre la piedra las estampas que aquí se muestran quieren aprovechar la ocasión presente para afirmar su decisión de luchar, de seguir luchando contra el fascio asesino de las libertades populares."

Un año después, en 1938, la Secretaría de Educación Pública le encarga a Leopoldo Méndez la realización del álbum con siete litografías que, bajo el título común de *En nombre de Cristo...* reunía siete denuncias en las que el gran artista volcó una fuerza gráfica insuperable. Ahí Méndez dejó florecer en su espíritu la influencia de Orozco, y su inventiva rindió una gran riqueza expresiva puesta con profunda convicción al servicio de la lucha contra la reacción cristera; la que asesinaba sin piedad a maestros que el gobierno de Cárdenas había enviado sin catecismos ni mojigaterías a los más apartados poblados del país.

Fue en enero de 1937 cuando, con el más amplio apoyo de las autoridades, la LEAR pudo reunir en la ciudad de México el Congreso Nacional de Escritores y Artistas, al que concurrieron como observadores e invitados especiales los más destacados intelectuales de los pueblos hermanos, sin descontar a los representantes estadounidenses, entre los que estuvo Waldo Frank. En la asamblea de apertura uno de los discursos fue pronunciado por el cubano Juan Marinello, quien captó con toda claridad el espíritu que presidía la reunión.

"Los hombres de pensamiento y de sensibilidad que van a debatir en esta asamblea están ya en la orilla de la justicia. Y no porque pertenezcan a un partido ni por que comulguen en una misma creencia. Ni preside a este Congreso una teoría política determinada ni los que lo convocan exigen una adhesión partidaria. La Liga de Escritores y Artistas de México sólo pide, sólo puede pedir a los congresistas una simple honestidad de hombres. Sólo exige eso la LEAR, porque sabe que a la altura dilemática a que ha llegado la pugna del mundo basta esa honestidad céntrica para decidir con justicia. En todo tiempo, en toda ocasión, han batallado en los grupos humanos dos corrientes contrarias y decisorias: la que quiere el mantenimiento de las limitaciones injustas y la que pretende, por obra de la razón y de los brazos, la caída de estas limitaciones. Pero sólo en nuestro tiempo han poseído los hombres, todos los hombres, claro conocimiento de la razón y de la obra de estas fuerzas. Un gran americano, José Martí, expresó, en una de sus adivinaciones asombrosas, que el genio iba pasando de individual a colectivo. Si genio es la suma de ciencia y de conciencia que adivina el futuro, si genio es el impulso penetrador que determina el mañana, dijo acertadamente el Libertador cubano, son las masas las que ahora realizan conscientemente la transformación de la Tierra. Y si el mañana del mundo, el bien y el mal del hombre no son ya tesoros de eruditos ni adivinaciones de redentores, ¿puede un intelectual honesto quedar en la orilla expectante, o unir su carrera a los que pretenden que no llegue el mañana?"

Cupo a Waldo Frank señalar en aquella sesión inaugural del 17 de enero de 1937 el alcance de la gestión política cardenista. "Verdaderamente, sólo una nación del Hemisferio Occidental ha sido lo bastante sana y ha tenido la visión y la fuerza generosa para ponerse abiertamente del lado de la humanidad en la batalla que España está sosteniendo por todos nosotros. Ese país es México; y por ese solo hecho, así como por las realizaciones de su programa social, México marcha a la vanguardia de las naciones americanas."

Pero no sólo de política y de guerra se habló en aquel Congreso de la LEAR. Desde su tribuna el pintor, escenógrafo y museógrafo Carlos Mérida lanzó la idea de lo que cuajaría después en el movimiento de danza moderna mexicana, el cual definió su conformación en el último año del gobierno de Cárdenas. "En la danza de cada pueblo —dijo Mérida—, en las más primitivas o las más complicadas manifestaciones coreográficas, encontramos siempre las características de un estado social con más precisión que en otras expresiones artísticas. La danza, de consiguiente, tiene esencia particular, absoluta autonomía, existe por sí sola. Vive en el tiempo y en el espacio. Está ligada con el tiempo por la música y con el espacio por sus cualidades plásticas. La danza debe decir lo que la música, la pintura, la poesía no pudieron decir porque, a su vez, es una concreción de todas ellas, una forma de expresión cabal, completa en sí misma. El cuerpo humano es vehículo, su contenido por excelencia."

Y Carlos Chávez, que estaba afirmando las raíces de nuevas orientaciones en la creación musical, expresó: "No tiene sentido hacer un nuevo instrumento en vista de una música vieja; la música tradicional de hoy está perfectamente satisfecha con sus propios instrumentos, los actuales. Los nuevos instrumentos traerán como consecuencia una nueva música imprevista ahora, como imprevistos eran los nuevos aparatos eléctricos de producción sonora. Así como los físicos produjeron un nuevo instrumento, los músicos producirán una nueva música. El artista debe ser actual y sólo tiene un medio de serlo: ahondar bien en la historia para extraer de ella la experiencia de las generaciones pasadas y conocer bien su mundo presente con todos sus desarrollos y recursos para poder interpretar fundadamente sus necesidades propias."

Fue en el gobierno de Cárdenas cuando se consolidó la galería de exposiciones en el Palacio de Bellas Artes, cuya construcción iniciada en 1904 se concluyó entre 1932 y 1934, año este último en el que Orozco y Rivera pintan los murales del segundo piso. Dentro de sus peculiares estilos y concepciones ideológicas, ambos lograron un fuerte contenido revolucionario. Orozco criticaba a quienes aprovechan el caos inicial en el cambio de estructuras para traicionar al pueblo, sobre todo a la clase obrera, y Rivera exaltaba el dominio que sobre la naturaleza adquirirá el hombre en una sociedad estructurada con sentido materialista-dialéctico, en contraste con la irracionalidad e injusticias de la etapa imperialista del capitalismo. Esta obra había sido pintada originalmente en el Rockefeller Center de Nueva York, en 1933, pero Nelson Rockefeller la mandó destruir porque la figura del líder revolucionario estaba representada por Lenin.

Fue el presidente Cárdenas quien encargó a Rivera en 1935 que pintara el muro izquierdo de la escalera de Palacio Nacional, ese que se titula *El México de hoy y del mañana*, donde representa la crítica más feroz que en mural alguno se haya hecho a las debilidades de la Revolución Mexicana a partir de las concesiones de Plutarco Elías Calles, que aparece ahí como socio prominente de la contrarrevolución. A la derecha de una miserable familia campesina que levanta una magra cosecha aparecen Frida y su hermana Cristina. Frida luce en el pecho un medallón con la estrella roja, hoz y martillo, y ambas ayudadas por los hijos de Cristina, Isolda y Antonio Pinedo, hacen labor proselitista en pro de la Revolución y contra los enajenantes fanatismos religiosos, dando a conocer a la juventud proletaria y campesina los textos de Marx y Engels.

Antes, en 1928, Diego había pintado a Frida en uno de los tableros del *Corrido de la Revolución*, de la Secretaría de Educación Pública, con la estrella de cinco puntas prendida a la izquierda de su camisa, mientras reparte fusiles al pueblo, que se levanta en armas para consumar la revolución socialista. En 1930 hace un desnudo litografiado de Frida sentada púdicamente en una cama. En 1945 la pintó, en el tianguis de Tenochtitlan de Palacio Nacional, como seductora Hetaira que enseña provocativamente la belleza de sus tatuajes a los viejos sacerdotes que la miran con lascivia, mientras le ofrecen en pago brazos y piernas de seres humanos. La última vez que Diego situó la figura de Frida en una composición mural fue en el tablero transportable *Pesadilla de guerra, sueño de paz*, de 1952. En silla de ruedas, junto a otros luchadores mexicanos por la paz, Frida aparece recolectando firmas para el primer llamamiento de Estocolmo. Uno de los retratos más bellos que le hizo Diego fue la Frida ocultista de *Sueño de una tarde dominical en la Alameda Central*, de 1947. A la derecha de Frida aparece José Martí, el gran cubano, levantando el bombín para saludar. Delante de ella el propio Diego niño con pantalones cortos, medias rayadas, botines y las bolsas del saco repletas de ranas y otras alimañas, conducido de la mano por la *Calavera catrina* de José Guadalupe Posada. Detrás del muchacho regordete, sonriente y de ojos saltones, se ve a Frida vestida de tehuana, sosteniendo en su mano izquierda una pequeña esfera con los signos ying y yang, principios de la vida. Otro retrato de Frida fue pintado en los tableros que hizo en 1939 para la Exposición Internacional Golden Gate, de San Francisco, con el tema de *El arte en acción*. Frida aparece como figura simbólica de la artista del Sur. Cerca de ella el retrato de Dudley Carter como símbolo del artista-ingeniero y el de Paulette Goddard como joven del Norte.

En 1928 Frida pintó a su hermana Cristina, quien murió el 7

de febrero de 1964. Cristina fue también modelo predilecta de
Rivera. Su figura inspiró dos de los desnudos monumentales
que adornan el salón de honor de la Secretaría de Salubridad.
En 1929 posó primero para la figura del *Conocimiento*, califica-
do certeramente de idílico y malicioso. Después su cuerpo
pequeño, de formas suaves y redondas, quedó representado en
la Vida, la figura que desde el techo del salón mira hacia abajo.
Bien se ha señalado que no hay nada pornográfico ni voluptuoso en las curvas de esos desnudos, en esos cuerpos pintados sin
pudor que simbolizan el conocimiento de la vida, la salud, la
fuerza, la pureza y la continencia.

Cristina fue de las cuatro hermanas Kahlo-Calderón la que
más cerca vivió de Frida. La cuidó con devoción sin límites,
aligerando muchos instantes de su irremediable postración. Con
los años el temperamente altruista de Cristina fue derivando
hacia el ejercicio de la caridad, que ella concebía de manera
singular y para cuyo cumplimiento, impuesto voluntariamente
como obligación, contó con el apoyo del financiero Ricardo J.
Zevada.

En los últimos años de su vida Cristina vivió retraída, molesta
quizá por el disgusto que le había provocado el que Diego Rivera destinara la antigua casa de los Kahlo, en Coyoacán, a la
exclusiva memoria de Frida, convirtiéndola en el museo que
lleva su nombre.

Respecto a la libertad de expresión durante el régimen del
presidente Lázaro Cárdenas, hay que advertir que éste no mandó borrar el mural *México de hoy y del mañana*, que al enjuiciar
la Revolución Mexicana lo enjuiciaba de hecho a él, y ahí sigue
esa crítica-autocrítica para advertencia de todos aquellos que a
partir de 1935 ocuparon el sillón presidencial. El mural parecía
dar respuesta anticipada o ser un sustento ilustrativo de las
declaraciones hechas por el general Plutarco Elías Calles y publi-
cadas en *Los Angeles Times* el 2 de junio de 1936: "Yo no
estoy de acuerdo con las presentes tendencias comunistas de
México (. . .) No temo a las nuevas ideas, pero no creo que los
principios sustentados por el presente gobierno sean aplicables
a mi país. (. . .) Un miembro del actual gabinete del Gobierno

de México ha declarado que la industria sería controlada por los trabajadores (. . .) Ello traería una seria reacción, un fascismo con militarismo dictatorial, y toda clase de dictaduras son malas."

A principios de 1939 comenzaron a regresar los mexicanos que habían combatido en España, entre ellos David Alfaro Siqueiros, teniente coronel del Ejército Popular de la República. Preocupado por las circunstancias que percibe en México, Siqueiros suscribe para la revista *Futuro*, que dirigía Vicente Lombardo Toledano, la siguiente declaración: "Ni en Francia, ni en Inglaterra, ni en el Canadá, ni en los Estados Unidos (países que recorrimos en nuestro reciente viaje de retorno a México) hemos encontrado una prensa más vulgar y villanamente embustera que la prensa facciosa de México. Su venta material a la facción retrógrada de la colonia española y a las agencias fascistas de Alemania y de Italia, alcanza los límites de una verdadera traición a la propia nacionalidad mexicana. En cambio, las fuerzas de progreso y libertad se encuentran en absoluta y muy grave inferioridad física en cuanto a sus medios de divulgación.

"Los ministerios y en general todas las dependencias del Gobierno están repletos de emboscados contrarrevolucionarios que conspiran incuestionablemente contra el propio gobierno del general Cárdenas.

"Los desplazados de la burocracia, los malogrados de la politiquería, los 'deshuesados' de todas las tonalidades políticas, se unen y organizan públicamente para ofrecer con descaro sus servicios mercenarios a los complotistas extranjeros de México y de las conquistas de su pueblo.

"En la Universidad, en todos los sectores de Educación Pública, dentro del Ejército, dentro de la Policía, dentro de toda la estructura del Estado Constitucional de México, se realiza una sistemática campaña subversiva de naturaleza fascista.

"En suma, los elementos de regresión social y perturbación de la paz se han desarrollado en México de manera gigantesca durante los dos años de nuestra ausencia, creando en la actualidad una situación muy semejante a la que existía en España en víspera del cuartelazo que ha sacrificado a un millón y medio de los mejores españoles y amenaza a España con un nuevo feudalismo y pone en peligro su independencia nacional.

"Es, pues, urgente una inmediata y enérgica llamada de reunión a todas las fuerzas liberales del país. Sólo así podremos desviar la artera puñalada que se cierne sobre la espalda de nuestra patria."

En marzo de 1939 Siqueiros fue aprehendido durante una manifestación que se volvió tumultuaria al pasar frente al edificio del periódico *Excélsior*. Siqueiros se dirigió telegráficamente a Cárdenas expresándole que su aprehensión y proceso era el primer aspecto agresivo de la contraofensiva de la prensa reaccionaria contra la campaña antimercenaria que realizaba el pueblo organizado. Expresó que le parecía inútil referirse a las acusaciones que le hacía la prensa de haber organizado una pedriza en una manifestación en la que nada tuvo que ver, pues, por el contrario, impidió que continuase la actitud violenta de los manifestantes. El Partido Comunista, la Juventud Comunista y la Sección Mexicana del Socorro Rojo Internacional protestaron por el encarcelamiento de Siqueiros.

Por ese entonces Siqueiros, en estrecha colaboración con José Renau, aplicaba en el mural del Sindicato Mexicano de Electricistas —*Retrato de la burguesía*— muchos de los principios del futurismo. Para él la velocidad, las conquistas científicas, la premonición, el apego a realidades sociales visibles que hay que saber captar, eran valores operantes en el proceso de composición de una pintura. Siqueiros, como Umberto Boccioni y sus compañeros, opinaba: "Puesto que queremos también contribuir a la renovación necesaria de todas las expresiones del arte, declaramos la guerra, resueltamente, a todos aquellos artistas y a todas aquellas instituciones que, aun disfrazándose con un traje falsamente moderno, permanecen en la tradición, en el academicismo y, sobre todo, en una repugnante pereza cerebral (. . .) Todo se mueve, todo corre, todo transcurre con rapidez. Una figura nunca está fija delante de nosotros; aparece y desaparece incesantemente. Por la persistencia de la imagen en la retina, las cosas en movimiento se multiplican, se deforman, siguen como vibraciones, en el espacio que recorren. Así, un caballo que corre no tiene cuatro patas: tiene veinte, y sus movimientos son triangulares (. . .) La construcción de los cuadros es estúpidamente tradicional. Los pintores siempre nos han mostrado cosas y personas puestas delante de nosotros. Nosotros pondremos al espectador en el centro del cuadro."

Estos enunciados que los futuristas plantearon en su segundo Manifiesto de 1910, seguían siendo en 1939 los principios rectores de la creación siqueiriana. Por otro lado, como ocurriera con las vanguardias surgidas antes y después de la Primera Guerra Mundial, muchos artistas activos después de la Segunda procuraban aparecer como extravagantes y provocadores, aunque su ansia de originalidad, el exagerado concepto de sí mismos, el desmesurado subjetivismo no eran más que armas para la competencia dentro del gremio artístico, gremio que se sentía sometido a los riesgos del mercado artístico burgués abierto. La rivalidad es constante y va aparejada al pavor de salir derrotado en la lucha permanente por la existencia, el éxito y por un poder relativo. A partir del Romanticismo los artistas han querido ser inconfundibles, incomparables; pero ese querer es fruto de una necesidad. El capitalismo ha liberado y sigue liberando fuerzas artísticas enormes. Si al principio de su desarrollo le dio al artista nuevos sentimientos e ideas, ahora los enormes avances técnicos y científicos le ofrecen nuevos medios con los cuales expresarse. En buena medida este es el motivo por el cual a partir de las vanguardias europeas no ha sido posible aferrarse rígidamente a cualquier estilo fijo y de lenta evolución. La ciencia va ensanchando su área más vertiginosamente que la invención artística. Como contrapartida, la orgullosa subjetividad, expresada por cualquier medio, reedita sentimientos apuntados en el ascenso de la burguesía, cuando el arte acumuló una gran fuerza crítica, una apasionada y contradictoria protesta contra el mundo burgués.

Las posiciones neodadaístas heredan del Romanticismo el ser un reflejo en el arte de las contradicciones de la sociedad capitalista en crisis; siguen teniendo el carácter de revuelta pequeñoburguesa contra reglas y modelos, y en pro de la inclusión de cuestiones vulgares. Esto suele llevarse a consecuencias extremas. Ya no hay temas ni materias privilegiadas, ni es el rostro de perfil o de frente el que da la presencia visible del yo. No hace falta que una obra artística sea autorretrato para expresar la personalidad de su creador. Desde el punto de vista iconológico el autorretrato parte de una materia primera que le permitirá al productor combinar elementos formales y simbólicos y construir la imagen con mayor carga subjetiva. En diversos periodos artísticos los autorretratos no abundan en cautelas y pudores, mientras que el narcisismo es quizás una de las cualidades más perdurables en el tiempo y también más frecuentes. En la representación plástica lo visible del yo pueden ser las nalgas, como en el autorretrato del mural que Diego Rivera pinta en la Escuela de Bellas Artes de California en 1931, o las piernas sumergidas en la tina del baño de *Lo que ví en el agua*, hecho por Frida en 1938.

Y de todos los rostros que el artista tiene, ¿cuál es el verdadero? Esta cuestión la planteó Juan O'Gorman cuando pintó en 1950 su mano que a su vez pinta su cuerpo de espaldas sentado frente al caballete con visera de tipógrafo; en la tela colocada en el caballete se autorretrata de tres cuartos, mientras un espejo a su derecha refleja la imagen supuestamente real, y a la izquierda él mismo como arquitecto de pie sostiene plano y escuadra, mientras un diablito aureolado se posa sobre su hombro para dar los últimos toques al rostro fidelísimo del modelo que es el propio O'Gorman. Con este notable autorretrato O'Gorman parecía revelar que él se oponía a la fragmentación de la vida. El artista en su soledad duda ante los diversos accesos que a tales o cuales especializaciones se le ofrecen. Acosado por la racionalidad invoca mitos ancestrales.

Cuando André Breton publicó en 1965 la versión revisada y corregida de su libro *Le Surréalisme et la Peinture* (Editorial Gallimard), incluyó como capítulo, sin modificación alguna, el artículo "Frida Kahlo de Rivera" que había escrito en 1938, después de su viaje a México, donde llegó con el auspicio del Ministerio de Relaciones Exteriores de Francia para dar algunas conferencias en la Universidad Nacional. Diego y Frida habían recibido a Breton con grandes muestras de amistad. Por esos días estaban residiendo en la casa de Diego en San Angel Inn,

pues la de Coyoacán se la habían cedido generosamente a
Trotsky desde el 11 de enero de 1937, quien vivió ahí hasta
febrero de 1939, cuando el rompimiento de Rivera con él lo
obligó a mudarse a otra casa, también en Coyoacán, en la calle
de Viena. Breton y su mujer Jacqueline vivieron un tiempo en
el departamento de Lupe Marín y también se alojaron con
Diego y Frida.

El capítulo de Breton sobre la pintura de Frida debió ser
sometido a revisión pues está excedido en apreciaciones pinto-
resquistas y aún naturalistas que no corresponden a las pautas
de producción que normaban la mejor pintura mexicana de
entonces. Breton no supo ver México con agudeza de un Eisens-
tein o de un John Reed o de un B. Traven. Breton (el europeo,
el francés) estaba despegado, separado de los intereses del
mundo emergente y murió en pureza de incomprensión de estos
fenómenos, a pesar de que alguna vez firmó documentos con-
juntamente con León Trotsky. ¡Qué deslumbrada le dieron los
huipiles, el quechquemitl, los huaraches, las cambayas, el sarape,
los estambres trezados con el cabello. . .! La joyería prehispánica o popular —que Frida solía lucir con gran prestancia y gracia
creativa— le produjo ceguera temporal. El jade, la obsidiana lo
intoxicaron. Como que se le olvidó el contenido de su primer
Manifiesto de 1924, en el que decía: "La actitud realista, inspi-
rada en el positivismo, de Santo Tomás a Anatole France, me
parece más bien hostil a toda expansión intelectual y moral. Me
horroriza porque está hecha de mediocridad, de rencor, de
chata suficiencia."

Breton vio lo aparente, pero no subrayó lo más sobresaliente
de la personalidad de Frida Kahlo: lo humano y lo artístico
indivisiblemente unidos: una consecuencia constante entre
sueño y vigilia, entre vigilia y sueño. ¿Un caso para el psicoana-
lista? Los psicoanalistas podrían encontrar muchos pacientes
con problemas físicos y espirituales como los de Frida, pero
quizá encuentren muy pocos artistas que hayan podido sublimar
un dolor personal en arte, el cual bien puede ser apreciado sin
referencias anecdóticas, aunque en este caso la biografía en sí
misma tenga la fascinación de una obra de arte.

Frida fue una surrealista más ortodoxa de lo que el propio Breton se atrevió a reconocer, pues le dio a su arte la calidad de una partícula armónica dentro de un contexto secular mexicano. Esto lo señaló Rivera en el mejor artículo que escribió sobre ella (*Boletín del Seminario de Cultura Mexicana*, Secretaría de Educación Pública. Tomo I, núm. 2, octubre de 1943. *Frida Kahlo y el arte mexicano*, p. 89 y siguientes), donde no se atrevió a mencionar el término surrealismo. Rivera cataloga el arte de Frida de "realismo monumental"; pero en el desdoblamiento que hace de este concepto sitúa el hacer de Frida en el más puro terreno surrealista. "El materialismo ocultista —dice— está presente en el corazón cortado en dos, la sangre fluyente de las mesas, las tinas de baño, las plantas, las flores y las arterias que cierran las pinzas hemostáticas del autor (. . .). Colectivo-individual es el arte de Frida. Realismo tan monumental que, en su espacio todo, posee N dimensiones; en consecuencia, pinta al mismo tiempo el exterior, el interior y el fondo de sí misma y del mundo. (. . .) Para Frida lo tangible es la madre, el centro de todo, la matriz; mar, tempestad, nebulosa, mujer. Y Frida es el único ejemplo en la historia del arte de alguien que se desgarró el seno y el corazón para decir la verdad biológica de lo que siente en ellos. Pintó a su madre y a su nodriza, sabiendo que en realidad no conoce su rostro; el de la nana nutridora sólo es máscara india de piedra dura, y sus glándulas racimos son que gotean leche como lluvia que fecunda la tierra, y lágrima que fecunda el placer; y el de la madre, mater dolorosa con los siete puñales del dolor que hace posible el desgarramiento por donde emerge la niña Frida, única fuerza que, desde el portentoso maestro azteca que esculpió el basalto negro, ha plasmado el nacimiento en su misma y real acción. Nacimiento que produjo la única mujer que ha expresado en su obra de arte los sentimientos, las funciones y la potencia agresiva de la mujer con *kalis-teknika* insuperable."

En el primer *Manifiesto* del surrealismo, describiendo al hombre de su tiempo, André Breton decía: "Si conserva alguna lucidez, entonces no puede dejar de mirar hacia su infancia, la cual, por muy dura que haya sido y torturada por sus educadores, no le parecerá menos rica en encantos. La ausencia en ella de toda constricción le deja la perspectiva de muchas vidas vividas a la vez (. . .) El juicio a la actitud realista ha de hacerse después del juicio a la actitud materialista. Esta última, más poética que la precedente, implica un orgullo ciertamente monstruoso, por parte del hombre, pero nunca una nueva y más completa degradación. En ella hay que ver, antes que nada, una feliz reacción a ciertas tendencias ridículas de espiritualismo. Además, no es incompatible con cierta altura de pensamiento. (. . .) Gracias a los descubrimientos de Freud se manifiesta por fin una corriente de opiniones en virtud de las cuales la investigación humana podrá llegar más lejos, finalmente autorizada a tener en cuenta algo más que realidades someras. La imaginación está tal vez a punto de recobrar sus derechos. Si las profundidades de nuestro espíritu cobijan extrañas fuerzas capaces de aumentar las de la superficie, o de luchar victoriosamente contra ellas, es justo captarlas; captarlas primero, para luego someterlas."

¿Y no fue exactamente esto lo que hizo Frida Kahlo por medio de su "autorretrato recurrente", como lo denominó Diego Rivera? Ella buscó en lo profundo de su ser las fuerzas que aparentemente no tenía. Que iba saliendo victoriosa de la empresa lo fue demostrando en las innumerables imágenes de sí misma, en las que su rostro aparece revelando cada vez un ser diferente.

Breton dijo: "El hombre propone y dispone. De él depende que se pertenezca a sí mismo, o sea, que se mantenga en el estado anárquico de la manada cada día más temible de sus deseos." ¿No fue esta disciplina a la que Frida se sometió voluntaria y persistentemente, sin tener necesidad para ello del dogma del *Primer Manifiesto del Surrealismo*?

Es curioso que nadie discuta la condición de pintor surrealista de Salvador Dalí, por ejemplo, máximo exponente de frivolidad y veleidades dedicadas a una burguesía advenediza, y se duda todavía ante la posibilidad de situar la pintura de Frida en esa corriente, cuando en toda ella esplende una extralógica reconciliación con todo lo poético y amoroso del ser humano. En sus pinturas y dibujos, las precisiones naturalistas de su rostro, de las plantas, de los animales, de las cerámicas antiguas o de los

trajes regionales mexicanos, no son más que contrapuntos de
una imaginación desbordada que ha roto los límites de la realidad convencional, y no los ha roto para asustar a los bobos o a
los burgueses, sino por una necesidad profunda de asir una realidad más perdurable. El hecho de que Frida se haya tomado
como sujeto casi constante de sus cuadros hace que muchos
consideren que su pintura no es más que una larga autobiografía. Hay muchos elementos autobiográficos, sí; pero éstos nunca
aparecen con simple calidad confesional sino como relación
supraobjetiva de algo que se conoce muy profundamente, tanto
que puede ser sometido a disección sin desbaratarse.

Los autorretratos de Frida son el fruto de una inmersión des-
piadada en el subconsciente para encontrar, quizá, las respuestas
que la vida cotidiana no le podía dar, repleta como estaba de
olor a medicinas y a estupefacientes. En una minuciosa cataloga-
ción del surrealismo en las artes plásticas, sus pinturas tendrían
que estar en sitio destacadísimo dentro del casillero del surrealismo trágico y austero, un surrealismo que para ella fue como
una tabla de salvación en una larga agonía.

Durante la permanencia de Breton en México se pretendió
fundar una Federación Internacional de Arte Revolucionario
Independiente, con base en un manifiesto cuyo lema sería:
"Aquello que deseamos es: la independencia del arte por la
revolución: la revolución por la liberación definitiva del arte."
Un párrafo de ese manifiesto (producto de largas discusiones
entre Trotsky, Diego Rivera y Breton) afirmaba que el artista
es aliado natural de la revolución en virtud de las represiones
que le impone la falta de armonía de la sociedad burguesa; de
modo que la salvaguarda de su mundo interior aparecía como la
salvación de todos los hombres, como una necesidad de emancipación.

En *Le surréalisme et la peinture*, de 1965, además del artículo dedicado a Frida, aparece el que Breton escribió sobre Tamayo en 1950, y los dos dedicados a Wolfgang Paalen en 1938 y
1950. Para esta última fecha las posiciones estéticas de Breton
han cambiado. En el artículo sobre Tamayo, y refiriéndose al
arte de función social, expresa: "La voluntad de subordinar la

pintura a la acción social se manifiesta en México a partir de 1920, como resultado de la iniciativa de artistas aislados que, por otra parte, estaban dotados de poderosos medios de expresión. El vivaz desarrollo de la Revolución Mexicana de 1910 ofrecía un terreno ideal para la exaltación de las esperanzas alentadas por la Revolución de 1917, en un país más violento que ningún otro." Breton sostiene que el excesivo arraigo nacional condujo a la decadencia y que Tamayo aparece justamente en el punto neurálgico de las circunstancias más difíciles para reabrir las vías de la gran comunicación que la pintura, como lenguaje universal, debe sostener entre los continentes, logrando una base de unificación a través de una diversificación de los vocabularios resultantes de la investigación técnica. Es decir, de la chispa revolucionaria no quedaba ni el menor destello, como no quedó memoria de Breton en el camino artístico de Frida.

Podría pensarse que su retrato recurrente fue la expresión de la angustia o la frustación; pero en verdad Frida Kahlo acudió al asunto de su tragedia por serle el más conocido, el más entrañable, el obsesivo. A través de él o por su intermedio estampó en más o menos cien telas, casi todas de tamaño reducido, su afirmación vital, su pujanza, la finísima amplitud de su imaginación. El ser corpóreo de su pintura equivale a una escritura donde los tonos, la materia, el trazo de sus contornos son los términos de una lenguaje efusivo, dignificante, enaltecedor.

Frida comenzó a pintar sola; pero cuando Rivera volvió de Europa, en 1928, fue a consultarlo. El periodo de influencia fue breve, casi insignificante. Pero junto a Diego, Frida fue creciendo y encontrándose. El puso en manos de ella los instrumentos para socavar la propia veta. La previsión de Rivera se cumplió: Frida Kahlo se convirtió en uno de los mejores pintores de México. El primero en reconocerlo, en proclamarlo fue el propio Rivera, y nadie como él supo ubicar la obra de ella dentro del panorama plástico de México.

Cuando a principios de 1953 conocí a Rivera en Santiago de Chile, a donde fue en representación de México, junto con el historiador José Mancisidor, al Congreso Continental de la Cultura, le pregunté por Frida. "Está muy enferma —me contestó, casi inconsciente. Es una gran pintora. Me he asustado al mirar todos sus cuadros reunidos hace poco en una gran exposición. Es una artista fuerte, valiosa, profunda. La única carta que me escribió Picasso en su vida fue a raíz de una exposición de los cuadros de Frida en París. La carta decía: Ni Derain ni yo ni tú somos capaces de pintar una cabeza como las de Frida Kahlo."

Interrogar a Diego Rivera sobre algo que le interesaba era cuestión de tomar lápiz y papel y apuntar textualmente lo que él dictaba, incluyendo los signos de puntuación. Se expresaba con tal certeza que hubiera resultado sacrílego alterar siquiera una palabra. Mientras el tren corría de Santiago hacia el sur en la loca geografía chilena, llevando a un grupo de congresistas que visitaría la Universidad de Concepción, Diego Rivera, el admirador de la mujer, que sólo hacía amistades con mujeres y consideraba que ellas cambiarían el futuro de la humanidad, agregando con socarronería que el hombre, el macho, es un accidente, un agregado circunstancial, un capricho en la evolución de las especies, me dictó pacientemente su opinión sobre Frida Kahlo:

"Varios críticos de diversos países han encontrado que la pintura de Frida Kahlo es la más profunda y popularmente mexicana del tiempo actual. Yo estoy de acuerdo con esto. En México hay una pintura poco conocida, humilde en sus dimensiones físicas y pretensiones de contenido. Son pequeñas láminas de metal o madera sobre las que se ha pintado el milagro con que algún santo, virgen o Dios favorece a una o varias personas, y para dejar testimonio en el santuario correspondiente se pintan estos pequeños cuadros. Sus autores siempre han sido anónimos; unas veces profesionales y otras —no pocas, por cierto— los beneficiarios mismos del milagro. Esta pintura, que está encargada por gente pobre, se paga poco, y el impulso que la anima a realizarla es enteramente puro y despojado de pretensiones, tanto por parte del artista como por quienes encargan las obras. Estos retablos forman indudablemente la expresión pictórica más genuina en la base del pueblo mexicano, sobre todo de sus mayorías campesinas. Con motivo de los milagros se han pintado todas las facetas de la vida de este pueblo.

"Entre los pintores cotizados como tales en la superestructura del arte nacional, el único que se liga estrechamente, sin afectación ni prejuicio estético sino, por decirlo así, a pesar de él mismo, con esta pura producción popular es Frida Kahlo. Las características plásticas de absoluta sinceridad y expresión completamente directa de esos retablos, entre los que hay muchas obras maestras, son los mismos que en los cuadros de Frida Kahlo. Por eso, quien estima su pintura como la más genuinamente mexicana, indudablemente tiene razón.

"Por otra parte, es la primera vez en la historia del arte que una mujer ha expresado con franqueza absoluta, descarnada y, podríamos decir, tranquilamente feroz, aquellos hechos generales y particulares que conciernen exclusivamente a la mujer. Su sinceridad, que quizá llamaremos a la par tiernísima y cruel, la ha llevado a dar de ciertos hechos el testimonio más indiscutible y cierto; por eso ha pintado su propio nacimiento, su amamantamiento, su crecimiento en la familia y sus terribles sufrimientos de todo orden, sin llegar jamás a la más ligera exageración o discrepancia de los hechos precisos, conservándose realista, profunda, como lo es siempre el pueblo mexicano y su arte, hasta en los casos en que generaliza los hechos y sentimientos, hasta llegar a una expresión cosmogónica de ellos. La expresión personal de esos hechos y sentimientos hasta lo óseo de su verdad, hacen que la referencia a ella misma, por su exactitud e intensidad, llegue siempre al plano y la extensión universales y a tener un papel social que nos atreveríamos a llamar poéticamente didáctico y rigurosamente dialéctico.

"Frida Kahlo es en realidad un ser maravilloso, provisto de una fuerza vital y un poder de resistencia al dolor mucho más allá de lo normal. A este poder está unida, como es natural, una sensibilidad superior, de una fineza y susceptibilidad increíbles. Correspondiendo a este temple nervioso, sus ojos tienen una retina igualmente excepcional. La microfotografía de esa retina acusa carencia de papilas, lo cual da por resultado que los ojos de Frida miren como la lente de un microscopio. Ve mucho más allá, dentro del infinito mundo pequeño, de lo que nosotros vemos, y esto se une a su poder de penetración implacable de las

Frida en el comedor de la casa de Coyoacán.

Frida pintando *Las dos Fridas* en 1939.

Frida con Juan O'Gorman en Xochimilco.

Frida con Dolores del Río, Arcadi Boytler y Adolfo Best Maugard.

El abrazo de amor entre el Universo, la Tierra, yo y Diego, óleo sobre masonite, 70 x 60 cm. Col. Eugenio Riquelme.

Retrato de la Sra. Safa de Morillo, 1944, óleo sobre masonite, 78 x 72.5 cm.
Col. Dolores Olmedo.

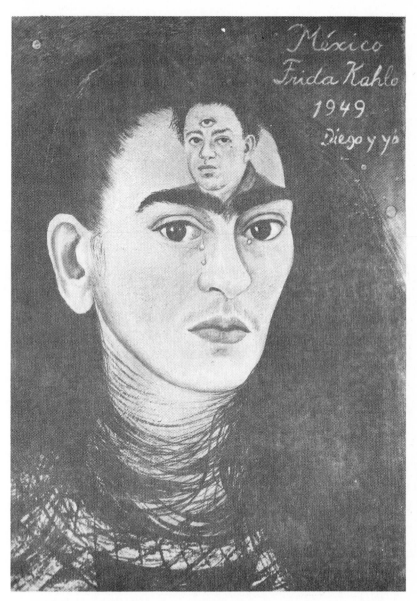

Diego y yo, 1949, óleo sobre tela pegada sobre masonite, 28 x 22 cm. Col. Florence Arquin, Chicago.

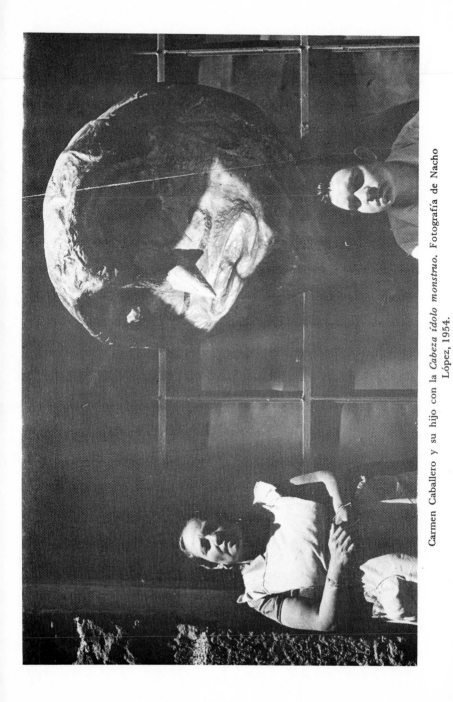

Carmen Caballero y su hijo con la *Cabeza ídolo monstruo.* Fotografía de Nacho
López, 1954.

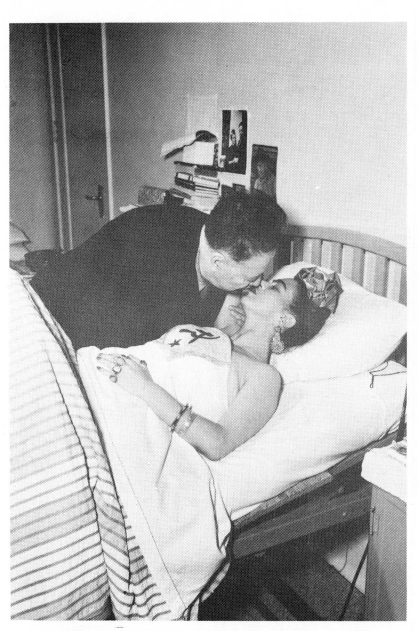

Frida con Diego en el Hospital ABC. Fotografía de Juan Guzmán, 1950.

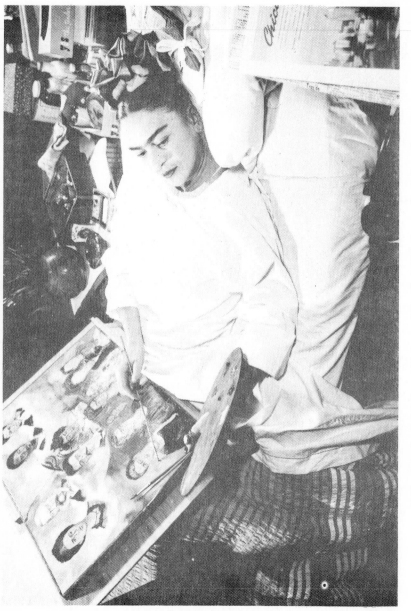

Frida pintando el *Árbol genealógico* en el Hospital ABC. Fotografía de Juan Guzmán, noviembre de 1950.

Frida. Col. Graciela Iturbide.

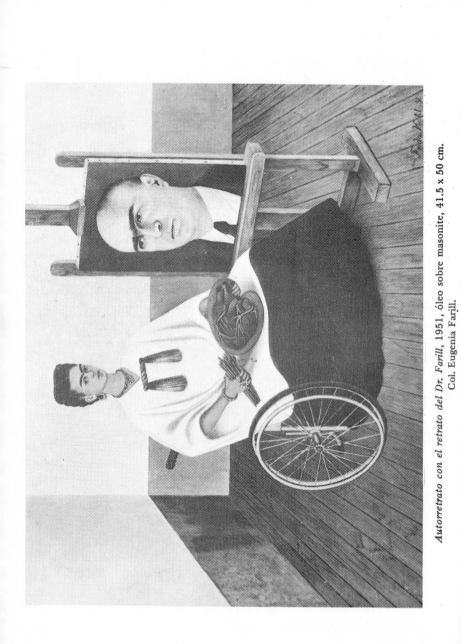

Autorretrato con el retrato del Dr. Farill, 1951, óleo sobre masonite, 41.5 x 50 cm.
Col. Eugenia Farill.

El estudio en la casa-museo Frida Kahlo en Coyoacán.

Retrato de mi padre, 1952, óleo sobre masonite, 60 x 46 cm. Col. Museo Frida Kahlo.

Calaveras de Carmen Caballero en el patio del estudio de Diego Rivera en San Ángel Inn. Fotografía de Nacho López, 1954.

El viernes 2 de julio de 1954 más de diez mil personas desfilaron desde la plaza de Santo Domingo al Zócalo, pasando por la Alameda Central, para protestar por la caída del gobierno democrático de Jacobo Arbenz en Guatemala. Desde su silla de ruedas Frida se unió al coro multitudinario que exigía: " ¡Gringos asesinos, fuera de Guatemala!"

ideas, intenciones y sentimientos de los demás. Si sus ojos tienen poder de microscopio, su cerebro tiene la potencia de un aparato de rayos X que marcara en opaco y claro la criatura del ser sensitivointelectual que ella observa. Esto le da una gran posibilidad de creación imaginativa dentro de una realidad que, sin dejar de serlo, se exalta hacia una maravillosa fantasía lógica, dentro del dominio de lo inesperado y de la sorpresa de conexiones dialécticas tan insospechadas como indiscutibles.

"Aunque su pintura no se extienda sobre las grandes superficies de nuestros murales, por su contenido en intensidad y profundidad, más que el equivalente de nuestra cantidad y calidad, Frida Kahlo es el más grande de los pintores mexicanos y su obra está llamada a multiplicarse por la reproducción. Y si no habla desde los muros, hablará desde los libros a todo el mundo. Es uno de los mejores y mayores documentos plásticos y más intensos documentos verídicos humanos de nuestro tiempo. Será de un valor inestimable para el mundo del futuro.

"Tal contenido no podía menos de influir en la forma del contensor, y ser influido por las características de éste. Por eso Frida Kahlo es una mujer extraordinariamente bella, no de una belleza común y corriente, sino tan excepcional y característica como lo que produce. Frida manifiesta su personalidad en su tocado, en su manera de vestir, en su opulento gusto por adornarse con joyas más extrañas y bellas que ricas. Ama los jades milenarios y viste el huipil y el traje de tehuana con falda de olán planchado que usaron y usan las mujeres de Tehuantepec y Juchitán en Oaxaca, las que hablan el zapoteco y el mixteco. En su manera de vestir es la encarnación misma del esplendor nacional. Jamás ha traicionado su espíritu, y su afirmación nacional la llevó a Nueva York y a París, donde los altos valores admiraron sus obras y los modistas lanzaron la moda *Robe Madame Rivera.*"

En 1947, con *Tehuana* (óleo sobre masonite de 1943), Frida participó en la exposición *45 autorretratos de pintores mexicanos: siglos XVII al XX*, que el INBA presentó en el Palacio de Bellas Artes. Para el magnífico catálogo que diseñó y cuidó el pintor Gabriel Fernández Ledesma, donde cada artista viviente expresó su credo, ella escribió: "Realmente no sé si mis pinturas son o no surrealistas, pero sí sé que son la más franca expresión de mí misma, sin tomar jamás en consideración ni juicios ni prejuicios de nadie. He pintado poco, sin el menor deseo de gloria ni ambición, con la convicción de, antes que todo, darme gusto, y después poder ganarme la vida con mi oficio. De los viajes que hice, viendo y observando todo lo que pude, magnífica pintura y muy mala también, saqué dos cosas positivas: tratar, hasta donde pueda, de ser siempre yo misma, y el amargo conocimiento de que muchas vidas no serían suficientes para pintar como yo quisiera y todo lo que quisiera."

El 6 de noviembre de ese mismo año se inaugura en el Palacio de Bellas Artes una instalación a la que se le puso el nombre de Museo Nacional de Artes Plásticas. Frida Kahlo figuraba en la Gran Galería Exterior del quinto piso, junto a Julio Ruelas, Saturnino Herrán, Doctor Atl, Goita, Rivera, Montenegro, María Izquierdo, José Clemente Orozco, Juan O'Gorman, Pablo O'Higgins, Juan Soriano y otros.

En 1948 se constituye la Sociedad para el Impulso de las Artes Plásticas que se proponía "impulsar todas las modalidades de la creación plástica en un movimiento de unidad en búsqueda de las formas que correspondan en nuestra época al concepto integral de la obra de arquitectos, pintores y escultores, perdido fundamentalmente en Europa desde la época del Renacimiento y en América desde la época colonial española." Se proponía también "impulsar, en su conjunto, el movimiento contemporáneo de la producción pictórica, escultórica y arquitectónica por nuevas y actuales formas de expresión que correspondan a la vigorosa capacidad creadora del pueblo, manifiesta en todas las épocas del México antiguo y moderno, teniendo siempre en cuenta su rica tradición plástica de formas y conceptos apenas conocidos, poco o nada utilizados y comprendidos, con el objeto fundamental de contribuir al desarrollo cultural y al progreso e independencia de la nación mexicana." Se comprometían a promover "el interés general de las autoridades del país y del público en general para lograr el establecimiento de bases sólidas de estímulo moral y económico que permitan un mayor desarrollo de la producción individual y colectiva de los artistas mexicanos, que en la mayoría de los casos es producida en un ambiente de privaciones y penuria económica, sin los estímulos con que cuentan otros profesionales cuya labor es reconocida y retribuida por la sociedad, teniendo en cuenta que la obra del artista es una de las mejores aportaciones a la cultura y prestigio de la nación. Pintores, arquitectos, escultores, diseñadores, grabadores, cinematografistas y fotógrafos mexicanos y extranjeros estamos uniendo nuestras fuerzas y experiencias individuales para la solución de problemas comunes, tanto estéticos como económicos. Dentro de la organización tienen cabida todos los puntos de vista estéticos o técnicos, respetándose el derecho de sus componentes a manifestar sus opiniones en favor o en contra de cualquier tendencia artística."

Una de las primeras actividades de la Sociedad para el Impulso de las Artes Plásticas fue organizar una exposición colectiva en la que Frida participó con Rosa Castillo, Federico Canessi, José L. Ruiz, Francisco Zúñiga, Miguel Prieto, Luis Arenal, Olga Costa, Angelina Beloff, Fernando Castro Pacheco, Jesús Guerrero Galván, Juan O'Gorman, José Chávez Morado, José García Narezo, Raúl Anguiano y José Gutiérrez.

En 1949, con *El abrazo de amor entre el Universo, la Tierra, yo y Diego*, Frida participó en la exposición inaugural del Salón de la Plástica Mexicana. También en 1949 el Instituto Nacional de Bellas Artes le rinde homenaje a Rivera por los cincuenta años de su labor artística con una gran exposición en el Palacio de Bellas Artes, para la cual se elaboró un gran libro catálogo. A solicitud de Susana y Fernando Gamboa, los organizadores, Frida escribió un *Retrato de Diego*, que éste celebró con asombro y regocijo:

"Advierto que este retrato de Diego lo pintaré con colores que no conozco: las palabras, y por esto, será pobre; además, quiero en tal forma a Diego que no puedo ser 'espectadora' de su vida, sino parte, por lo que —quizá— exageraré lo positivo de su personalidad única tratando de desvanecer lo que, aun remotamente, puede herirlo. No será esto un relato biográfico: considero más sincero escribir solamente sobre el Diego que yo creo haber conocido un poco en estos veinte años que he vivido cerca de él. No hablaré de Diego como de 'mi esposo', porque sería ridículo. Diego no ha sido ni será 'esposo' de nadie. Tampoco como de un amante, porque él abarca mucho más allá de las limitaciones sexuales, y si hablara de él como de un hijo, no haría sino describir o pintar mi propia emoción, casi mi autorretrato, no el de Diego. Con esta advertencia, y con toda limpieza, trataré de decir la única verdad, la mía, que esboce, dentro de mi capacidad, su imagen.

SU FORMA: Con su cabeza asiática sobre la que nace un pelo oscuro, tan delgado y fino que parece flotar en el aire, Diego es un niño grandote, inmenso, de cara amable y mirada un poco triste. Sus ojos saltones, obscuros, inteligentísimos y grandes, están difícilmente detenidos, casi fuera de las órbitas, por párpados hinchados y protuberantes como de batracio, muy separados uno del otro, más que otros ojos. Sirven para que su mirada abarque un campo visual mucho más amplio, como si estuvieran construidos especialmente para un pintor de los espacios y las multitudes. Entre esos ojos, tan distantes uno del otro, se adivina lo invisible de la sabiduría oriental, y muy pocas veces desaparece de su boca búdica, de labios carnosos, una sonrisa irónica y tierna, flor de su imagen.

Viéndolo desnudo, se piensa inmediatamente en un niño rana, parado sobre las patas de atrás. Su piel es blanco-verdosa, como de animal acuático. Solamente sus manos y su cara son más'obscuras, porque el sol las quemó.

Sus hombros infantiles, angostos y redondos, se continuan sin ángulos en brazos femeninos, terminando en unas manos maravillosas, pequeñas y de fino dibujo, sensibles y sutiles como antenas que comunican con el universo entero. Es asombroso que esas manos hayan servido para pintar tanto y trabajen todavía infatigablemente.

De su pecho hay que decir que: si hubiera desembarcado en la isla que gobernaba Safo, no hubiera sido ejecutado por sus guerreras. La sensibilidad de sus maravillosos senos lo hubieran hecho admisible. Aunque su virilidad, específica y extraña, lo hace deseable también en dominios de emperatrices ávidas del amor masculino.

Su vientre, enorme, terso y tierno como una esfera, descansa sobre sus fuertes piernas, bellas como columnas, que rematan en grandes pies, los cuales se abren hacia fuera, en ángulo obtuso, como para abarcar toda la tierra y sostenerse sobre ella incontrastablemente, como un ser antidiluviano, en el que emergiera, de la cintura para arriba, un ejemplar de humanidad futura, lejana de nosotros dos o tres mil años.

Duerme en posición fetal y durante su vigilia se mueve con lentitud elegante, como si viviera dentro de un medio líquido. Para su sensibilidad, expresada en su movimiento, parece que el aire fuera más denso que el agua.

La forma de Diego es la de un monstruo entrañable, al cual la abuela, Antigua Ocultadora, la materia necesaria y eterna, la madre de los hombres y de todos los dioses que éstos inventaron en su delirio, originados por el miedo y el hambre, LA MUJER, entre todas ellas —YO— quisiera siempre tenerlo en brazos como a su niño recién nacido.

SU CONTENIDO: Diego está al margen de toda relación personal limitada y precisa. Contradictorio como todo lo que mueve a la vida, es a la vez caricia inmensa y descarga violenta de fuerzas poderosas y únicas. Se le vive dentro, como a una semilla que la tierra atesora, y fuera, como a los paisajes. Probablemente algunos esperan de mí un retrato de Diego muy personal, "femenino", anecdótico, divertido, lleno de quejas y hasta de cierta cantidad de chismes, de esos chismes "decentes", interpretables y aprovechables según la morbosidad de los lectores. Quizá esperen oír de mí lamentos de "lo mucho que sufre" viviendo con un hombre como Diego. Pero yo no creo que las márgenes de un río sufran por dejarlo correr, ni la tierra sufra porque llueve, ni el átomo sufra descargando su energía. . . Para mí, todo tiene una compenetración natural. Dentro de mi papel, difícil y obscuro, de aliada de un ser extraordinario, tengo la recompensa que tiene un punto verde dentro de una cantidad de rojo: recompensa de *equilibrio*. Las penas o alegrías que norman la vida de esta sociedad, podrida de mentiras, en la que vivo, no son las mías. Si tengo prejuicios y me hieren las acciones de los demás, aún las de Diego Rivera, me hago responsable de mi incapacidad para ver con claridad, y si no los tengo, debo admitir que es natural que los glóbulos rojos luchen contra los blancos sin el menor prejuicio y que ese fenómeno solamente signifique salud.

No seré yo quien desvalorice la fantástica personalidad de Diego, al que respeto profundamente, diciendo sobre su vida estupideces. Quisiera, por el contrario, expresar como se merece, con la poesía que no poseo, lo que Diego es en realidad.

De su pintura habla ya —prodigiosamente— su pintura misma.

De su función como organismo humano se encargarán los hombres de ciencia. De su valiosa cooperación social revolucionaria, su obra objetiva y personal, todos aquellos que sepan medir su trascendencia incalculable en el tiempo; pero yo, que le he visto vivir veinte años, no tengo medios para organizar y describir las imágenes vivas que, aunque fuera débilmente, pero con hondura, dibujaran siquiera lo más elemental de su figura. Desde mi torpeza saldrán solamente unas cuantas opiniones y serán el único material que pueda ofrecer.

Las raíces profundas, las influencias externas y las verdaderas causas que condicionan la personalidad inigualable de Diego, son tan vastas y complejas que mis observaciones serán pequeños brotes en las múltiples ramas del árbol gigantesco que es Diego.

Son tres las direcciones o líneas principales que yo considero básicas en su retrato: la primera, la de ser un luchador revolucionario constante, dinámico, extraordinariamente sensible y vital; trabajador infatigable en su oficio, que conoce como pocos pintores en el mundo; entusiasta fantástico de la vida y, a la vez, descontento siempre de no haber logrado saber más, construir más y pintar más. La segunda: la de ser un curioso eterno, investigador incansable de todo, y la tercera: su carencia absoluta de prejuicios y, por tanto, de fe, porque Diego acepta —como Montaigne— que "allí donde termina la duda comienza la estupidez", y aquel que tiene fe en algo admite la sumisión incondicional, sin libertad de analizar o de variar el curso de los hechos. Por este clarísimo concepto de la realidad, Diego es rebelde y, conociendo maravillosamente la dialéctica materialista de la vida, Diego es revolucionario. De este triángulo, sobre el que se elaboran las demás modalidades de Diego, se desprende una especie de atmósfera que envuelve al total. Esta atmósfera móvil es el amor, pero el amor como estructura general, como movimiento constructor de belleza. Yo me imagino que el mundo que él quisiera vivir, sería una gran fiesta en la que todos y cada uno de los seres tomara parte, desde los hombres hasta las piedras, los soles y las sombras: todos cooperando con su propia belleza y su poder creador. Una fiesta de la forma, del color, del movimiento, del sonido, de la inteligencia, del conocimiento, de la emoción. Una fiesta esférica, inteligente y amorosa, que cubriera la superficie entera de la tierra. Para hacer esa fiesta lucha continuamente y ofrece todo cuanto tiene: su genio, su imaginación, sus palabras y su acciones. Lucha, cada instante, por borrar en el hombre, el miedo y la estupidez.

Por su deseo profundo de ayudar a transformar la sociedad en que vive en una más bella, más sana, menos dolorosa y más inteligente, y por poner al servicio de esa Revolución Social, ineludible y positiva, toda su fuerza creadora, su genio constructor, su sensibilidad penetrante y su trabajo constante, a Diego se le ataca continuamente. Durante estos veinte años lo he visto luchar contra el complicadísimo engranaje de las fuerzas negativas contrarias a su empuje de libertad y transformación. Vive en un mundo hostil porque el enemigo es mayoría, pero esto no lo acobarda, y mientras viva saldrán siempre de sus manos, de sus labios y de todo su ser alientos nuevos, vivos, valientes y profundos combates.

Como Diego han luchado ya todos los que trajeron a la tierra una luz; como ellos, Diego no tiene "amigos", sino aliados. Los que emergen de sí mismo son magníficos: su inteligencia brillante, su conocimiento profundo y claro del material humano dentro del que trabaja, su experiencia sólida, su gran cultura no de libros, sino inductiva y deductiva; su genio y su deseo de construir, con cimientos de realidad, un mundo limpio de cobardía y de mentira. En la sociedad en que vive somos sus aliados todos los que, como él, nos damos cuenta de la necesidad imperativa de destruir las bases falsas del mundo actual.

Contra los ataques cobardes que se le hacen, Diego reacciona siempre con firmeza y con un gran sentido del humor. Nunca transige ni cede: se enfrenta abiertamente a sus enemigos, solapados la mayoría y valerosos algunos, contando siempre con la realidad, nunca con elementos de "ilusión" o de "ideal". Esta intransigencia y rebeldía son fundamentales en Diego; completan su retrato.

Entre las muchas cosas que dicen de Diego éstas son las más comunes: le llaman mitómano, buscador de publicidad y, la más ridícula, millonario. Su pretendida mitomanía está en relación directa con su tremenda imaginación, es decir, es tan mentiroso como los poetas o como los niños a los que todavía no han idiotizado la escuela o sus mamás. Yo le he oído decir toda clase de mentiras: desde las más inocentes hasta las historias más complicadas de personajes a quienes su imaginación combina en situaciones y procederes fantásticos, siempre con gran sentido de humor y crítica maravillosa; pero nunca le he oído decir una sola mentira estúpida o banal. Mintiendo, o jugando a mentir, desenmascara a muchos, aprende el mecanismo interior de otros, mucho más ingenuamente mentirosos que él, y lo más curioso de las supuestas mentiras de Diego es que, a la larga o a la corta, los involucrados en la combinación imaginaria se enojan, no por la mentira sino por la verdad contenida en la mentira, que siempre sale a flote. Es entonces cuando se "alborota el gallinero", pues se ven descubiertos en el terreno en que precisamente se creían más protegidos. Lo que en realidad sucede es que Diego es de los muy pocos que se atreven a atacar por la base, de frente y sin miedo, a la estructura llamada MORAL de la hipócrita sociedad en que vivimos, y como la verdad no peca pero incomoda, aquellos que se ven descubiertos en sus más recónditos móviles secretos no pueden sino llamar a Diego mentiroso, o cuando menos exagerado.

Dicen que busca publicidad. Yo he observado que más bien tratan de hacerlo los otros con él, para sus propio intereses, sólo que lo hacen con métodos jesuitas mal aplicados, porque generalmente les sale "el tiro por la culata". Diego no necesita publicidad, y mucho menos la que en su propio país se le obsequia. Su trabajo habla por sí mismo. No solamente por lo que ha hecho en la tierra de México, donde desvergonzadamente se le insulta más que en ninguna otra parte, sino en todos los países civilizados del mundo, en los que se le reconoce como uno de los hombres más importantes y geniales en el campo de la cultura. Es increíble, por cierto, que los insultos más bajos, más cobardes y más estúpidos en contra de Diego hayan sido vomitados en su propia casa: México. Por medio de la prensa, por medio de actos bárbaros y vandálicos con los que han tratado de destruir su obra, usando desde las inocentes sombrillas de las señoras "decentes", que rayan sus pinturas hipócritamente, y como de pasada, hasta ácidos y cuchillos de comedor (Aquí Frida se refiere concretamente al atentado de que fue objeto el 4 de junio de 1948 el mural *Sueño de una tarde dominical en la Alameda Central*, del Hotel del Prado, cuando un centenar de estudiantes de la Facultad de Ingeniería usando un cuchillo del servicio del hotel rasparon las palabras "no existe", de la frase "Dios no existe" pronunciada por el Nigromante en la Academia de Letrán), no olvidando el salivazo común y corriente, digno de los poseedores de tanta saliva como poco sesos; por medio de letreros en las paredes de las calles en las que se escriben palabras nada adecuadas para un pueblo tan católico; por medio de grupos de jóvenes "bien educados" que apedrean su casa y su estudio destruyendo insubstituiblemente obras de arte mexicano precortesiano —que forman parte de las colecciones de Diego—, los que después de hacer su "gracia" echan a correr; por medio de cartas anónimas —es inútil hablar del valor de sus remitentes— o por medio del silencio, neutral y pilatesco, de personajes en el poder, encargados de cuidar o impartir cultura para el buen nombre del país, no dándole "ninguna importancia" a tales ataques contra la obra de un hombre que con todo su genio, su esfuerzo creador, único, trata de defender, no sólo para él sino para todos , la libertad de expresión.

Todas estas maniobras a la sombra y a la luz se hacen en

nombre de la democracia, de la moralidad y de ¡Viva México!
—también se usa, a veces, ¡Vida Cristo Rey!—. Toda esta publicidad que Diego no busca ni necesita, prueba dos cosas: que el
trabajo, la obra entera, la indiscutible personalidad de Diego son
de tal importancia que tienen que tomarse en cuenta por aquellos a quienes él echa en cara su hipocresía y sus planes arribistas
y desvergonzados; y el estado deplorable y débil de un país
—semicolonial— que permite que sucedan en 1949 cosas que
solamente podrían acontecer en plena Edad Media, en la época
de la Santa Inquisición o mientras imperó Hitler en el mundo.

Para reconocer al hombre, al maravilloso pintor, al luchador
valiente y al revolucionario íntegro, esperan su muerte. Mientras
viva habrá muchos "machos", de esos que han recibido educación en el "paquín", que seguirán apedreando su casa, insultán-
dolo anónimamente o por medio de la prensa de su propio país,
y otros, todavía más "machos", *pico de cera*, que se lavarán las
manos y pasarán a la historia envueltos en la bandera de la pru-
dencia.

Y le llaman millonario. . . la única verdad en esto de los millones de Diego es éstas: siendo artesano, y no proletario, posee sus
útiles de producción —es decir, de trabajo—, una casa en la que
vive, trapos que echarse encima y una camioneta desvencijada
que le sirve como a los sastres las tijeras. Su tesoro es una colección de obras escultóricas maravillosas, joyas de arte indígena,
corazón vivo del México verdadero, que con indecibles sacrifi-
cios económicos han logrado reunir en más de treinta años para
colocarla en un museo que está construyendo desde hace siete
años. Esta obra la ha levantado con su propio esfuerzo creador y
con su propio esfuerzo económico, es decir, con su talento
maravilloso y con lo que le pagan por sus pinturas; la donará a
su país, legando a México la fuente más prodigiosa de belleza
que haya existido, regalo para los ojos de los mexicanos que los
tengan y admiración incalculable para los de afuera. Excepto
esto, económicamente no tiene nada; no posee otra cosa que
su fuerza de trabajo. El año pasado no tenía dinero suficiente
para salir del hospital, después de sufrir una pulmonía. Todavía
convaleciente, se puso a pintar para sacar los gastos de la vida

diaria y los salarios de los obreros que, como en los gremios del Renacimiento, cooperan con él para construir la obra maravillosa del Pedregal.

Pero a Diego los insultos y los ataques no lo cambian. Forman parte de los fenómenos sociales de un mundo en decadencia y nada más. La vida entera le sigue interesando y maravillando, por cambiante, y todo le sorprende por bello, pero nada le decepciona ni le acobarda porque conoce el mecanismo dialéctico de los fenómenos y de los hechos.

Observador agudísimo, ha logrado una experiencia que, unida a su conocimiento —podría yo decir, interno de las cosas— y a su intensa cultura, le permite desentrañar las causas. Como los cirujanos, abre para ver, para descubrir lo más hondo y escondido y lograr algo cierto, positivo, que mejore las circunstancias y el funcionamiento de los organismos. Por eso Diego no es ni derrotista ni triste. Es fundamentalmente investigador, constructor y, sobre todo, arquitecto. Es arquitecto en su pintura, en su proceso de pensar y en el deseo apasionado de estructurar una sociedad armónica, funcional y sólida. Compone siempre con elementos precisos, matemáticos. No importa si su composición es un cuadro, una casa o un argumento. Sus cimientos son siempre la realidad. La poesía que sus obras contienen es la de los números, la de las fuentes vivas de la historia. Sus leyes, las leyes físicas y firmes que rigen la vida en murales que se ligan, viven con la construcción misma del edificio que los contiene, con la función material y organizada de ellos.

La obra estupenda que está construyendo en el pueblo de San Pablo Tepetlapa, a la que él llama *El Anahuacalli* (casa de Anáhuac), destinada a guardar su inigualable colección de cultura antigua mexicana, es un enlace de formas antiguas y nuevas, creación magnífica que hará perdurar y revivir la arquitectura incomparable de la tierra de México. Crece en el paisaje increíblemente bello del Pedregal como una enorme cactácea que mira al Ajusco, sobria y elegante, fuerte y fina, antigua y perenne; grita, con voces de siglos y de días, desde sus entrañas de piedra volcánica: ¡México está vivo! Como la Coatlicue, contiene la vida y la muerte; como el terreno magnífico en que está erigida, se abraza a la tierra con la firmeza de una planta viva y permanente.

Trabajando siempre, Diego no vive una vida que pudiera llamarse normal. Su capacidad de energía rompe los relojes y los calendarios. Materialmente, le falta tiempo para luchar, sin descanso, proyectando y realizando constantemente su obra. Genera y recoge ondas difíciles de comparar a otras, y el resultado de su mecanismo receptor y creador, siendo tan vasto y tan inmenso, jamás lo satisface. Las imágenes y las ideas fluyen en su cerebro con un ritmo diferente a lo común y por esto su intensidad de fijación y su deseo de hacer siempre más son incontenibles. Este mecanismo lo hace indeciso. Su indecisión es superficial porque, finalmente, logra hacer lo que le da la gana con una voluntad segura y planeada. Nada pinta mejor esta modalidad de su carácter que aquello que una vez me contó su tía Cesarita, hermana de su madre. Recordaba que siendo Diego muy niño entró en una tienda, de esos tendajones mixtos llenos de magia y de sorpresas que todos recordamos con cariño, y parado frente al mostrador, con unos centavos en la mano, miraba y repasaba todo el universo contenido dentro de la tienda, mientras gritaba desesperado y furioso: ¡Qué quiero! La tienda se llamaba "El Porvenir", y esta indecisión de Diego ha durado toda su vida. Pero aunque pocas veces se decide a escoger, lleva dentro una línea-vector que va directamente al centro de su voluntad y su deseo.

Siendo el eterno curioso es, a la vez, el eterno conversador. Puede pintar horas y días sin descansar, charlando mientras trabaja. Habla y discute de todo, absolutamente de todo, gozando, como Walt Whitman, con todos los que quieran oírlo. Su conversación siempre interesa. Tiene frases que asombran, que a veces hieren, otras conmueven; pero jamás deja al que oye con la impresión de inutilidad o de vacío. Sus palabras inquietan tremendamente por vivas y ciertas. La crudeza de sus conceptos enerva o descontrola al que lo escucha porque ninguno de éstos comulga con las normas de conducta ya establecidas; rompen siempre la corteza para dejar nacer brotes; hieren para dejar crecer nuevas células. A algunos, a los más fuertes, la conversa-

ción y el contenido de la verdad de Diego les parece monstruoso, sádico, cruel; a otros, los más débiles, los anula y los
anonada y la defensa de éstos consiste en llamarlo mentiroso y
fantástico. Pero todos tratan de defenderse de una manera muy
semejante a como se defienden contra la vacuna los que por primera vez en su vida van a ser vacunados. Invocan a la esperanza
o algo que los libre del peligro de la verdad. Pero Diego Rivera
está desprovisto de fe, de esperanzas y caridad. Es por naturaleza extraordinariamente inteligente y no admite fantasmas.
Tenaz en sus opiniones, nunca cede, y defrauda a todos los que se
escudan en la creencia o en la falsa bondad. De aquí que le llamen
amoral y —realmente— no tiene nada que ver con los que admi-
ten las leyes o normas de la moral.

En medio del tormento que para él son el reloj y el calendario,trata de hacer y dejar de hacer lo que él considera justo en
la vida: trabajar y crear. Le da beligerancia a todas las otras
direcciones, es decir, nunca menosprecia el valor de los demás,
pero defiende el propio, porque sabe que éste significa ritmo y
relación de proporciones con el mundo de la realidad. A cambio
de placer, da placer; a cambio de esfuerzo, da esfuerzo. Estando
más capacitado que los otros, da mucha mayor cantidad y
calidad de sensibilidad pidiendo solamente entendimiento.
Muchas veces ni esto consigue, pero no por eso se somete ni se
rinde. Mucho de los conflictos que su personalidad superior
causa en la vida diaria provienen de ese descontrol natural que
provocan sus conceptos revolucionarios en relación a los ya
sometidos a un rigor y a una norma. Los problemas que se
pudieran llamar de hogar, que varias mujeres hemos tenido
cerca de Diego, consisten en lo mismo. Diego tiene una profunda conciencia de clase y del papel que las otras clases sociales
tienen en el funcionamiento general del mundo. De las personas
que hemos vivido cerca de él unas queremos ser aliadas de la
causa por la que él trabaja y pelea, y otras no. De aquí se origi-
na una serie de conflictos en los que él se ve mezclado, pero de
los que no es responsable, puesto que su posición es clara y
transparente. Su unidad humana, sin prejuicios, ya sea por
genio, por educación o por transformación, no es responsable

de la incapacidad de los demás, ni de las consecuencias que ésta aporte a la vida social. El trabaja para que todas las fuerzas se aprovechen y se organicen con una mayor armonía.

¿Con qué armas se puede luchar a favor o en contra de un ser que está más cerca de la realidad, más dentro de la verdad, si estas armas son morales, es decir, normadas según las conveniencias de determinada persona o sector humano? Naturalmente tienen que ser amorales, rebeldes a lo ya establecido o admitido como bueno. Yo —con la plenitud de mi responsabilidad— estimo que no puedo estar en contra de Diego, y si no soy una de sus mejores aliadas, quisiera serlo. De mi actitud en este ensayo de retrato pueden deducirse muchas cosas, depende de quienes las deduzcan; pero mi verdad, la única que puedo dar acerca de Diego está aquí. Limpia, inmedible en sincerómetros, que no existen, sino con la convicción de lo que respecta a mí misma, mi propia existencia.

Ningunas palabras describirán la inmensa ternura de Diego por las cosas que tienen belleza; su cariño por los seres que no tienen que ver en la presente sociedad de clases; su respeto por los que están oprimidos por la misma. Tiene especial adoración por los indios a quienes lo liga su sangre; los quiere entrañablemente por su elegancia, por su belleza y por ser flor viva de la tradición cultural de América. Quiere a los niños, a todos los animales, con predilección a los perros pelones mexicanos y a los pájaros, a las plantas y a las piedras. Ama a todos los seres sin ser dócil ni neutral. Es muy cariñoso pero nunca se entrega; por esto, y porque apenas tiene tiempo para dedicarse a las relaciones personales, le llaman ingrato. Es respetuoso y fino y nada le violenta más que la falta de respeto a los demás y el abuso. No soporta el truco o el engaño solapado; lo que en México se llama "tomadura de pelo". Prefiere tener enemigos inteligentes que aliados estúpidos. De temperamento es más bien alegre, pero le irrita enormemente que le quiten el tiempo en el trabajo. Su diversión es el trabajo mismo; odia las reuniones sociales y le maravillan las fiestas verdaderamente populares. A veces es tímido, y así como le fascina conversar y discutir con todos, le encanta a veces estar absolutamente solo. Nunca se aburre porque todo le interesa; estudiando, analizando y profundizando en todas las manifestaciones de la vida. No es sentimental pero sí intensamente emotivo y apasionado. Le desespera la inercia porque él es una corriente continua, viva y potente. De buen gusto extraordinario, admira y aprecia todo lo que contiene belleza, lo mismo si vibra en una mujer o en una montaña. Perfectamente equilibrado en todas sus emociones, sus sensaciones y sus hechos, a los que mueve la dialéctica materialista, precisa y real, nunca se entrega. Como los cactus de la tierra, crece fuerte y asombroso, lo mismo en la arena que en la piedra; florece como el rojo más vivo, el blanco más transparente y el amarillo solar; revestido de espinas, resguarda dentro su ternura; vive con su savia fuerte dentro de un medio feroz; ilumina solitario como sol vengador del gris de la piedra; sus raíces viven a pesar que lo arranquen de la tierra, sobrepasando la angustia de la soledad y de la tristeza y de todas las debilidades que a otros seres doblegan. Se levanta con sorprendente fuerza y, como ninguna otra planta, florece y da frutos."

Este texto de amor, escrito con máxima generosidad espiritual, vuelve ociosas muchas discusiones e interpretaciones en torno a los múltiples motivos que unieron a Frida y Diego.

La única exposición individual de Frida presentada en México mientras ella vivió fue inaugurada el 13 de abril de 1953 en la galería de la fotógrafa Lola Alvarez Bravo. Las invitaciones que circularon contenían unas rimas al estilo popular redactadas por la propia Frida, manuscritas por ella e impresas en tres hojitas de cartoncillo amarradas con cordel rojo:

Con amistad y cariño
nacidos del corazón
tengo el gusto de invitarte
a mi humilde exposición

A las ocho de la noche
—pues relox tiene al cabo—
te espero en la Galería
d'esta Lola Alvarez Bravo.

Se encuentra en Amberes 12
y con puertas a la calle,
de suerte que no te pierdes
porque se acaba el detalle.

Sólo quiero que me digas
tu opinión buena y sincera.
Eres leido y escribido;
tu saber es de primera.

Estos cuadros de pintura
pinté con mis propias manos
y esperan en las paredes
que gusten a mis hermanos.

Bueno, mi cuate querido:
con amistad verdadera
te lo agradece en el alma
Frida Kahlo de Rivera.

Diego Rivera junto al féretro abierto de Frida en el velorio en el Palacio de Bellas Artes. En el grupo: Andrés Iduarte, Lázaro Cárdenas, Emma Hurtado, Víctor Manuel Villaseñor.

El general Lázaro Cárdenas, su hijo Cuauhtémoc, David Alfaro Siqueiros, Eli de Gortari y Miguel Covarrubias en una de las últimas guardias que se hicieron en el Palacio de Bellas Artes.

7-II-1926

Fotografía tomada el 7 de febrero de 1926. Frida aparece vestida de hombre. A su derecha sus hermanas Adriana y Cristina y a su izquierda su prima Carmen y el niño Carlos Veraza.

Fotografía aparecida en el periódico *La Prensa*, el día 23 de agosto de 1929, dos días después de la boda de Frida Kahlo con Diego Rivera.

En el muro sur de la escalera del Palacio Nacional, en el "México de hoy y del mañana", Diego Rivera pintó a Frida y Cristina con los hijos de ésta: Isolda y Antonio.

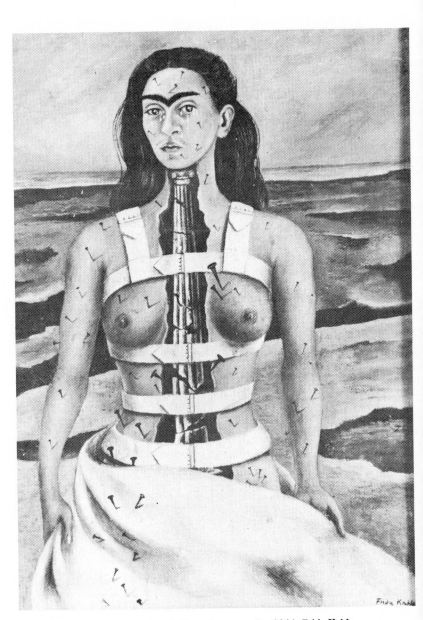

"La columna rota", óleo sobre masonite, 1944. Frida Kahlo.

"Diego y Yo", 1944, fotografía de José Verde.

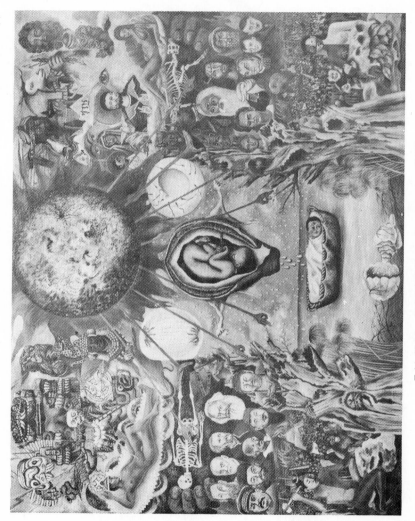

Frida Kahlo, "Moisés", óleo sobre masonite, 1945.

V LA CASA, LAS COSAS

Quien entraba por primera vez a la recámara de Frida Kahlo, donde su enfermedad la había obligado a pasar gran parte de su vida, tenía una violenta impresión de tristeza. Judas hechos con cartones, papeles y adornos de colores contrastados y brillantes para ser quemados con estrépito de cohetes en Sábados de Gloria, ornamentaban la cama en forma de baldaquino. El judas mayor, más parecido a un esqueleto burlesco, se adhería a un espejo colocado a todo lo largo del techo del baldaquín. Durante las horas del día, sin pausa, el espejo recibía la imagen adormecida o despierta de Frida.

En las paredes de la recámara había muchas fotografías de personajes admirados o seres queridos, y estampados en letras rojas por la torpe mano de Manolo, el ayudante de Rivera y sirviente en Coyoacán cuando hacía falta, los nombres de las amistades y amores principales. Elena (Vázquez Gómez), Teresa (Proenza), María (Félix). . . Varios armarios y repisas guardaban pequeñas esculturas precortesianas, algunas de las cuales fueron llevadas posteriormente al Anahuacalli de San Pablo Tepetlapa, el museo de piedra que para guardar su colección de piezas prehispánicas edificó Rivera en las serranías del Pedregal.

En la cama gemela, cubierto con un sarape, dormía Xólotl, el perro pelón de pura raza americana que cierta vez echó sus aguas sobre unas acuarelas que el maestro Diego acababa de pintar. Furioso, Rivera lo correteó por toda la casa, blandiendo un machete de gran tamaño, decidido a matarlo. Cuando le dio alcance, el arma en alto pronta a descargarse, el silencioso animalito, que en vez de ladrar suspiraba, movió su cola dura y finita con un mohín de arrepentimiento. Aquel inarticulado pedido de clemencia encontró eco. Guardando el machete bajo el brazo, Rivera levantó al perro y acariciando sensualmente su cuero como de humo, carbón o piedra volcánica, le dijo: "Señor Xólotl, emperador de Xibalba, señor de las tinieblas, es usted el mejor crítico de arte."

Recordando el episodio Frida reía y su risa se reflejaba en el espejo del ropero, en los cacharros de cerámica, en las muticolores bolas de cristal, en los variadísimos objetos reverberantes de la decoración popular mexicana, en los vidrios de las vitrinas que guardaban maravillas en jade y tecali. La carcajada estridente, corta y jovial de Frida hizo eco en las ramas del árbol que crecía en un rincón del cuarto y movió las guirnaldas suavísimas de cola de borrego que colgaban de siete macetas colocadas en la parte superior de la ventana, tiñendo de verde la luz que los muros de piedra atemperan en calor y en frío. Verde también era la caja con tapa de vidrio que guardaba el trajecito de encajes con que recibió las aguas bautismales Diego María de la Concepción Juan Nepomuceno Estanislao de la Rivera Sforza Barrientos D'Acosta y Rodríguez de Valpuesta. Sobre la tela amarillenta estaban fijados los primeros muñecos de Diego, la muñequita preferida de la niña Frida, unas botitas de miniatura parecidas a las que usó después del ataque de poliomielitis. Entrelazándose con los testimonios candorosos, figuras de batracios y reptiles, entre los que sobresalía una ranita de cristal de roca, símbolo del "niño-rana parado sobre las patas de atrás", como veía Frida físicamente al hombre con el que mantuvo una bella aunque insólita relación durante veinticinco años.

A poco de frecuentar esa recámara sin igual en todo el mundo, la opresión del primer momento, provocada por el olor a medicinas y estupefacientes y las sonoridades de ampollas y jeringas, se transformaba en una entrañable sensación de tienda de juguetes. La melancolía, el dolor físico y las cicatrices en el cuerpo de Frida eran consecuencia del accidente; pero su habitación era el resultado de un ordenamiento, no de un azar. El orden ahí establecido revelaba aspiraciones y sentimientos; indicaba que quien lo había impuesto se solazaba con el grotesco ingenuo, se enternecía con los artificios inocentes, veneraba las obras surgidas del hábito estético colectivo.

Coyoacán, que antes de la Conquista fue ciudad lacustre junto al lago de Texcoco, era a principios del siglo uno de los poblados más apacibles y más arbolados de la zona metropolitana. Fue la comarca donde se refugió el conquistador Hernán Cortés durante varios meses después de haber destruido totalmente la antigua Tenochtitlan. Ahí fue sometido a torturas por los españoles el último gran señor mexica: Cuauhtémoc. Su caserío se proyectaba hacia el Ajusco, cuyos altos montes cierran el horizonte. Lejos del jardín central del pueblo, en la esquina que forman las calles de Allende y Londres, se levanta la amplia y baja mansión de muros azules donde Frida nació el 6 de julio de 1907. Después de su muerte en 1954 la casa fue convertida en un museo dedicado a su persona y a su obra. Había sido construida en 1904, cuando Wilhelm Kahlo adquirió el terreno al fraccionarse lo que fuera la gran hacienda de El Carmen, propiedad de los religiosos de la Orden Carmelitana. El laborioso fotógrafo quería vivir lejos del centro de la ciudad y había decidido instalarse con su familia por Tlalpan, pero su esposa, Matilde Calderón y González, lo convenció para que fuera en Coyoacán.

La planta de la casa era rectangular, con jardín y huerto interiores, y de ello queda testimonio en el óleo pintado por Frida hacia 1936: *Mis abuelos, mis padres y yo*, titulado también *Arbol genealógico*. De esta obra existe en el museo otra versión, inconclusa, en la que aparecen las hermanas de Frida: María Luisa y Margarita, hijas del primer matrimonio de su padre, y Cristina, la hermana menor, junto a Matilde y Adriana, las mayores. También se pueden ver abocetadas las figuras de los sobrinos (Isolda y Antonio Pinedo Kahlo) y del hermano muerto al nacer, sombras que se antoja interpretar como los hijos nonatos y siempre angustiosamente esperados por Frida.

Al casarse con Frida, Diego Rivera fue a habitar a esa casa,

aunque siempre conservó su estudio en la casa construida para
él por Juan O'Gorman en San Angel Inn, donde Frida fue a vivir
cuando Trotsky se instaló en Coyoacán. Al reacomodarse allí
después del tenso y al fin trágico episodio Trotsky, Rivera
construyó hacia 1940 el ala de la casa que da a la calle de Londres. Mucho antes había levantado en medio del patio una pirámide escalonada, en la que fue colocando las primeras piezas de
la que llegaría a ser una de las colecciones de arte antiguo más
notables del mundo: 55.481 piezas. En la planta alta del ala
nueva quedó instalado el estudio, la recámara y los espacios pri-
vados de Frida.

Los cuartos construidos por Rivera hacen capítulo en la
arquitectura mexicana; en ellos consiguió una encantadora con-
junción de acentos regionales y de cierta sobriedad preconizada
por el funcionalismo. Las paredes son de piedra volcánica del
Pedregal, de un color gris oscuro, cálido y angustioso a la vez.
En lo alto de los muros incrustó ollas de barro, donde las palomas no tardaron en refugiarse. En una pequeña azotea que se
apoya hacia la derecha, sobre el ala antigua, incrustó caracoles
enormes y un espejo verde. Detalles de una gracia ornamental lo
suficientemente vigorosa como para soportar el peso imponente
de la piedra. Para separar y acentuar el carácter de lo nuevo,
Rivera levantó una tapia que divide el gran patio sombreado por
árboles altos en dos partes: para la casa de piedra la porción más
pequeña y en medio una fuente con un salto de agua que
emerge de un nudo de algas y caracoles. Jaulas con pájaros
extraños se mecían estridentes en las ramas altas del árbol más
alto; el ruido de su vaivén se escuchaba por las noches como
fabulosos lamentos en el jardín umbrío, lamentos que sustenta-
ron la leyenda, bastante difundida durante algún tiempo entre
la gente de Coyoacán, de que el fantasma del "señor Trotsky"
ambulaba penando por los corredores.

A solicitud de Diego, Frida fue a Tampico a esperar a Trotsky
y a Natalia, su mujer, el 9 de enero de 1937. El líder bolche-
vique quedó instalado en Coyoacán el 11 de enero. La encantadora personalidad de Frida lo impactó y hubo entre ellos un
coqueteo lo suficientemente intenso y mutuamente corres-

pondido como para despertar los celos de Natalia. Pero no fue este conato de flirteo lo que provocó el divorcio de enero de 1940 entre Diego y Frida. Las razones, imposibles de documentar, deberán buscarse en el papel jugado por Rivera en el primero y en el segundo atentado a Trotsky, el fallido que encabezó Siqueiros y el del ajusticiamiento ejecutado por Ramón Mercader, cuya hermana fue retratada por Rivera.

En la porción más grande del jardín quedaron la pirámide escalonada, un espejo de agua y un cuartito independiente donde se guardaban selectas piezas arqueológicas y que Rivera, quizá para epatar, llamaba "Adoratorio de Tláloc", el dios de la lluvia y del rayo, uno de los más antiguos motivos de adoración de los hombres de México y Centroamérica.

Poco a poco, como si hubieran crecido de las piedras, fueron apareciendo vasijas y figuras prehispánicas, y junto a ellas esculturas talladas por Mardoño Magaña, el que fuera portero de la Escuela de Pintura al Aire Libre de Coyoacán, a quien Rivera admiró como uno de los más talentosos escultores contemporáneos. En el cielo raso del zaguán desarrolló una bella decoración en mosaico de piedras naturales, reconocida por Juan O'Gorman como importante antecedente para los murales realizados por él con esa técnica en los muros de la torre de acervos de la Biblioteca Central Universitaria. Todo lo que en México tenía chispa de arte: los retablos, los dulces modelados o decorados, los judas de carrizo y papel encolado, los juguetes de feria, los muebles de ocote y oyamel profusamente decorados; las muertes de yeso, de alambre, de cartón, de azúcar, de papel de China con que el pueblo ahuyenta los lúgubres pensamientos del Día de Muertos, papeles recortados, vestidos aldeanos recamados con infinita variedad de grecas, pájaros y motivos florales, cojines donde habían sido bordados con hilos de todos colores requiebros sentimentales y picarescos a la vez; candelabros, incensarios, abanicos, cajitas, baúles, pinturas anónimas, petates, sarapes, guaraches, flores de papel y de cera, tocados, matracas, piñatas, máscaras... Todo fue encontrando su sitio, adquiriendo la gracia de objetos necesarios, jamás la pesantez de adornos inútiles. La familiaridad de uno junto al otro les otorgaba una fuerza insospechada. Ahí el pasado y el presente se enlazaron con afirmativa naturalidad. Diego y Frida fueron los compaginadores de un montaje de trascendencia histórica que ejerció una influencia determinante en cierto sector de la intelectualidad mexicana. A medida que pasaron los años toda la casa —la parte nueva y la parte vieja— adquirió el color y el sabor del espíritu de sus habitantes. En el diario, dentro de un dibujo, Frida inscribió: "Casa de aves, nido para amor, todo para nada".

Entre los artesanos y artistas populares cuya obra se exhibe en el museo dedicado a Frida hay una mujer que impone, con los objetos por ella elaborados, su presencia: la judera Carmen Caballero Sevilla. Su obra formidable se ha vendido siempre a tan bajo precio que nadie ha pensado en elaborar con ella una monografía. Cierta vez, en el patio del estudio de Rivera en San Angel Inn, doña Carmen me relató detalles de su desarrollo artístico: "Tenía dieciocho años cuando aprendí con uno que se llamaba Gregorio Piedrasanta. Vivíamos en la calle de Melchor Ocampo. Yo me radicaba como frutera. Mi padre fue teniente coronel de la Revolución y se murió cuando yo tenía cinco años. Mi madre se dedicó a vender fruta y yo con ella. Un día Gregorio Piedrasanta se ofreció a enseñarme; así hice mi primer judas de molde. Para que me dejara más instruida estuve con él como un año y quedé muy bien enseñada. Cuando yo acabé de hacer judas me radiqué en mariposas y cruceros para lámparas de aceite. El crucero se hace de hojalata y corcho, y la mariposa de naipe y pabilo con parafina. Luego me enseñó a hacer máscaras y luego, a lo último, me enseñó a hacer muerte tapada, marcada nomás con raya, no calada, y yo de mi talento saqué otras muertes, y también de mi talento saqué las cabezas de ídolos monstruos."

Métodos empleados por doña Carmen
Judas de moldura: Un carpintero hace el molde de patol. El patol es el colorín. Para hacerlo corta un palo y saca el molde trabajando a cuchillo. Se puede hacer molde de yeso o también de piedra. Para hacer un molde se pierde un día o menos. Una vez hecho el molde se pone el papel manila de las bolsas de

cemento, se le echa encima el engrudo hecho de harina para que pegue, se vacía el molde y de ahí se tapa. Ya que está tapado se deja secar, ya que se secó se pinta con blanco de España y después entran los colores que uno quiera.

Judas de carrizo: El carrizo se corta en tiras, de ahí que se corta en tiras se hacen rueditas, luego que están las rueditas se hace el armazón, ya que está el armazón se tapa, como le nombramos nosotros, que es vestirlo. Luego se enyesa, luego se le da el blanco y después se le dan sus colores según el color que uno quiera. La anilina se fija con cola y puede ser rosa, verde, amarillo, azul, azul España, azul rey, verde ocrillo, ocrillo rojo, verde a la cal, morado. . . También se hacen preparados, se colocan para hacer combinaciones, se combinan los colores.

Muertes caladas: Se parte el carrizo y se hacen rueditas, las rueditas se combinan para hacer el huacalito, después se cubre con papel y se pinta como dije y se adorna con aluminio blanco o aluminio dorado, que se disuelve en ictiol o tíner.

Muerte de alambre: Se comienza haciendo la quijada para después formar la cabecita, luego se hacen como resortitos que son los ojos, luego se empieza a entretejer con alambre en retazos y en gusanillo con la misma pinza. Son muertecitas inmovibles que sólo mueven su quijada. Se cubren con papel.

Relación de doña Carmen con Rivera: Conocí al patrón en el mercado Abelardo Rodríguez vendiendo judas. En una Semana Santa llegué al Abelardo llevando hartos judas y de ahí tuve conciencia con el patrón, que me retrató con todo y mis judas. Entonces le entregué un judas de 2.5 metros, hecho de ciento cincuenta carrizos. Fue la primera entrega que le hice con otras muertecitas también, y de ahí que me dijera si quería ser su judera particular y yo le dije que sí. De allí me hizo una invitación a su casa con media docena de muertes. Entregué esas muertes en su casa y ya conocía a la señorita Frida. Después me siguió tomando trabajo. El patrón no nos da permiso de llevar nuestro trabajo a la plaza, no quiere que se riegue porque se chotea. Ya después fue como empecé cada año a trabajarle al patrón, cuando tuve un poquito más de tiempo seguí trabajándole toda clase de cositas que él me mandaba pedir: muertecitas de roseta y huacalito, judas tapados, cabezas grandes gigantes, judas con paso veloz con sus pies salidos. En el estudio del patrón nada más los judas narigudos no son nuestros. Antes de que muriera Jorge Negrete dijo el maestro si yo podría dibujarle a María Félix y a Gloria Marín; pero yo no pude. Luego nos pidió que hiciéramos uno igual a él y le hicimos uno grandote por el que nos pagó doscientos pesos. No nomás en eso me radicaba; la señorita Frida me pedía juguetes de Nochebuena: piñatas, maguey, casitas de distintos modos. Yo hago toda clase de juguetería: Niños Dios, patitos, borreguitos; toda la clase para adornar nacimientos. En piñatas hago liras, payasos, Cantinflas, charros, rábanos, rosas, alcachofas, gajos de sandía, toritos. La niña Fridita era quien más me consentía; nos pagaba un poquito más que el maestro. No le gustaba verme chimuela. Una vez que el hombre me pegó y yo perdí mis dientes, entonces fue cuando le hice un trabajo muy bonito y me regaló estos dientes de oro que ahora llevo. Yo le tengo gratitud. Yo le entregaba solita la muerte y ella la vestía y hasta le ponía sombrero.

Relación de Rivera con doña Carmen: En 1951 la encontré vendiendo judas junto con el hombre en el mercado Abelardo Rodríguez. Primero creímos que era él quien los hacía, hasta que pelearon. El hombre le quitaba el dinero, le pegaba, fumaba mariguana. Después fue el hijo quien le quitó el dinero. Carmen Caballero es una expresión genuina, una artista de enorme talento, un caso típico de lo que pasa en México. Se llama arte popular lo que es verdadero arte de México. Está hecho por gente del pueblo para el pueblo, sin injertos ni sofisticaciones, y va mucho más allá en el camino que intentan los pintores de escuela y galería. Si un pintor conocido hubiera hecho lo que doña Carmen, todo el mundo y los críticos hubieran cantado aleluyas. La prueba es que Henry Moore, mientras me esperaba, hizo unos croquis de las muertes colgadas en la estancia de Coyoacán, croquis que Mathias Goeritz hizo copiar como murales de Moore en una pared de *El Eco* en 1953. Por cierto que la mistificación no fue culpa de Moore sino de Goeritz y prueba de que cuanto hace doña Carmen es lo que los sofisticados quisieran hacer y no lo logran. Cualquiera que observe estas cosas de doña Carmen tiene que constatar que lo realmente asombroso —aparte del sentimiento que provocan la sensibilidad del color y de la forma— es que tratando un mismo tema: un esqueleto, la muerte esa, cada ejemplar es absolutamente diferente y la diferencia no es rebuscada, es una diferencia vital. En eso el talento de doña Carmen está en la línea del genio de Picasso, quien ha pintado docenas de guitarras y compoteras o violines y cada uno de ellos tiene una expresión, una forma y contenido muy diferentes. De ahí que podamos concluir que lo de doña Carmen está dentro de lo que los estetas llaman gran arte. Si no fuera por los prejuicios de clase, tendría que dársele mayor categoría que al noventa y nueve por ciento de los egresados de las academias y los expositores de galerías. Las cosas de doña Carmen tienen exactamente las características distintivas del arte prehispanicoamericano. He repetido siempre, y nunca me cansaré ni me canso de hacerlo, que el arte del resto del mundo está dentro de la clasificacion de clásico y romántico, pudiéndose precisar la condición plástica de una y otra designación. El clásico es el movimiento de la forma, que algunos traducen por contornos, dibujo, ritmo, etcétera. El *Auriga* de Delfos, el *Escriba sentado*, el *Apolo* de Sicilia, las obras de Rafael, Leonardo, Giotto, Ingres, etcétera. Podemos precisar respecto al romanticismo que es la forma en movimiento. En los casos de genio excepcional se reúnen ambas cualidades en un artista. Los tres ejemplos esenciales de esto serían: Brueghel, Matias Grünewald y, sobre todos, el inmenso Francisco de Goya y Lucientes. Entre los grandes románticos, o sea los manejadores de la forma en movimiento, hay que poner a los bizantinos de los mosaicos del Bajo Imperio, a Tintoretto y al Greco. Este último llevó la exaltación de esta cualidad hasta merecer que se diga de él que pintó el movimiento de la luz y de las sensaciones y emociones nerviosas. A Tiziano y a Velázquez hay que colocarlos completamente dentro de los ejemplos clásicos, a pesar de que Velázquez produjo un ejemplo de representación de fenómenos ópticos, o sea, la forma en movimiento, en *Las hilanderas*. Casos de clasicismo romántico son también los grandes maestros franceses del siglo XIX: Duamier, Courbet, Cezanne, Renoir, Seurat. El arte precolombino, en cambio, tiene una calidad diferente. Sin perder la posibilidad de expresar el movimiento de la forma y la forma del movimiento, llegó a una calidad única que no se encuentra en el mundo antiguo más que en las maravillosas obras de arte llamadas rupestres y en el mundo moderno en las obras del periodo de exaltación máxima de Van Gogh, que es la expresión de la forma del movimiento, caso en el que se modifican volúmenes, colores, líneas, trayectorias de la composición, para llegar a la justeza de expresión vital que impele al artista, por medio de estas modificaciones, constituyendo —si puede decirse— un realismo superior, ya que en la raíz de la existencia misma de la materia está la energía, o sea, el movimiento; en consecuencia, la expresión de la forma de este último tiene que ser considerada como la máxima expresión realista.

Esto es lo que existe en la producción de doña Carmen, como existe en las ocasiones en que Picasso se expresa a fondo a sí mismo produciendo una obra maestra, como aconteció con Van Gogh, pero que acontece siempre en obras maestras producidas por artistas como doña Carmen, que son la expresión actual de mucho más de veinte siglos de cultura plástica y que nacen y viven con naturalidad, como una concha, una flor, un animal en movimiento o un ser humano extraordinario; pero que dentro de la actual estructura social sólo se valorizan en sumas miserables. Los grandes xicofantes de las artes y la crítica hablan de esas obras como de *mexican curios*, exhibiendo con claridad meridiana lo embotado de su sensibilidad, la falsedad de su criterio y el terror de que una obra popular, que se vende en casi nada de dinero, no es sólo una amenaza para ellos, sino para todos los intereses creados de sus especuladores, basura canallesca enemiga del arte del pueblo. Ellos no quieren darle mayor categoría que la de "curiosidades" para consumo de turistas porque si admitieran la que realmente tienen se quedarían sin clientela y su propia producción no tendría ningún otro público consumidor que el de los basureros. Todas estas circunstancias, que indudablemente tienen evidencia dentro de lo más claro de la conciencia secreta del pueblo, ha producido indudablemente la enorme y formidable potencia de ironía contenida en las obras de Carmen. Mirando un conjunto de estas calacas podemos encontrar todas y cada una de las individualidades características de la fauna humana dentro de la que ella vive, tratadas con un desborde de fantasía. Las muertecitas de doña Carmen encuentran, como objetos, un renglón en la juguetería típicamente mexicana; pero el espíritu de sus obras sólo tienen un precursor que ella posiblemente desconoce: José Guadalupe Posada. Nadie como ellos dos ha sabido aliviar de todo sentido trágico y de lucubraciones metafísicas el esqueleto humano, convirtiéndolo en un puro elemento de gracia corrosiva, más literario en Posada, más sensorial en doña Carmen. En ambos el conjunto de huesos en movimiento aparece como un ser descarnado donde la vida se expresa con mayor intensidad.

La vejez de doña Carmen: Cuando andaba cerca de sus sesenta años doña Carmen Caballero vivía por la carretera a Puebla, donde la tolvanera se encrespaba rabiosa y envolvía la casa-cueva-jacal que era su habitación, su taller, su cocina, su incomodidad. La miseria la había erosionado y la había erosionado también la mala vida que le había dado su hombre: Santos Miranda. De veinte hijos nacidos, sólo le vivieron cuatro, y de los miles de judas que salieron de sus manos ninguno adornaba con sus encendidos colores el cuartucho hecho de lámina oxidada y capas de cartones o papeles pegados con engrudos. Cuarto judero de judera lleno de judas sin color, que es como decir judas desnudos, que serían vestidos para la Semana Santa.

Muertos Diego y Frida, e instalados los museos en Coyoacán y en el Anahuacalli, ahí se conservaron los judas hechos a pedido de ellos por doña Carmen, y era ella quien los restauraba cuando todavía podían restaurarse, o los reponía cuando el tiempo los destruía.

Entre fotos de santos y de Pedro Infante, el sitio de honor en el jacal era para una portada de una revista que reproducía la fotografía a color del patrocinto Diego, a quien ella recordaba con emoción porque le había brindado apoyo, le había expresado admiración, le había encargado trabajo y le había hecho sentir la inmensa conmiseración que le merecía un talento tan pródigo. Carmen Caballero no poseía ningún sentido de la economía, ninguna capacidad para el cálculo material, ninguna posibilidad de atesorar nada de nada como no fueran algunas lágrimas que de vieja se le escurrían por la cara ceniza de polvo al recordar que la habían estafado cuando quiso comprar un terreno y levantar un cuartito para recibir a los "patrones".

En febrero de 1969 Carmen Caballero me dijo: "Siquiera me hubiera quedado un recuerdo de mi trabajo; no me quedó nada; pero yo no me acabé y les puedo servir todavía. Muchas gentes me toman por loca, aunque estas manos saben formar el cartón bonito. Todo se acaba, los pulmones se van acabando, y a pesar de que estuve muy enferma y dejé de trabajar mucho tiempo, aquí vienen los muchachos de la Academia de San Carlos a buscar los payasos y las mascarillas para sus bailes. Para el carnaval se llevan las cabezotas. Hice unas muertes para una muchacha de la Academia que puso un mural de pura muerte chiquita. También viene el millonario don Antonio que el otro día se llevó seis payasos para una exposición en una escuela. El escultor y pintor Jorge González Camarena quiere que vaya a trabajar con él un molde de concreto. Pero ya viene la Semana Santa y después de Semana Santa tengo que hacer magueyes, pinitos, piñatas. . ."

Carlos Pellicer convirtió la casa de Coyoacán en museo.

En julio de 1959 —a cinco años de la muerte de Frida— se inauguró en la casa donde ella nació y murió el museo que lleva su nombre. Quienes habíamos estado antes allí, quienes habíamos conocido la utilidad cierta de las cosas, nos acercamos temerosos de encontrar un ordenamiento frío; pero recibimos la enorme sorpresa de ver aquella singular intimidad convertida, sin haber traicionado el original, en uno de los museos más bellos de la ciudad de México. Por cierto que no todo pudo quedar como antes. La ausencia irremediable de los habitantes obligó a sustituir el clima cotidiano por un clima supradomés-

tico. Con delicadísima inteligencia el poeta Carlos Pellicer, espo-
rádico museógrafo, solucionó el problema. Las cosas quedaron
casi donde habían estado, pero en vez de conservar un orden
habitable adquirieron un orden visible. A los armarios se les sus-
tituyeron las puertas de madera por puertas de cristal. Los
cuadros ya no se apoyaban en los rincones del taller; fueron
colgados ordenadamente en las paredes. Las cartas y papeles
íntimos fueron sacados del secreter y desdoblados en vitrinas
donde el visitante podía leerlos detenidamente. Los proyectos
no se amontonaban en cajones y canastos, sino que fueron des-
plegados descubriendo los conflictos de su creador. En las mesas
no aparecían rastros de comida, y en la gran cocina las ollas
mostraban un brillo de bazar. El cálido desorden de cada día se
petrificó en un orden definitivo donde la verdad fue alterada en
tanto se hizo necesario acentuar ciertas significaciones.

En las salas dedicadas a la obra de Frida podían apreciarse
algunas pinturas, las pocas concluidas o las inconclusas que
estaban ahí cuando ella murió. En los cuartos destinados a
Rivera no podía el visitante dejar de recordar el museo en la
casa de Orozco en Guadalajara, donde también se podía descubrir de manera casi imponderable el conflicto del creador. En la
sección de Rivera no había pinturas importantes, apenas algunos
bocetos o experiencias plásticas juveniles: importante material
para el estudioso.

Las habitaciones de Diego y Frida habían quedado casi
idénticas a como estaban en los últimos años de sus vidas. Se
reconocía que el encargado de ordenar cada cosa había tenido
por norma el respeto a la sensibilidad de los dos artistas singula-
rísimos que vivieron allí. Por fuerza, mucho debió quedar en los
cajones. Todo había sido distribuido con plausible sobriedad.
Pero al ser inaugurado se cometió un grave error por olvido que
no tenía justificación: en esas paredes donde todo lo importante
había encontrado su sitio, Pellicer olvidó colocar alguna fotografía tomada por Guillermo Kahlo, a quien Frida debió los primeros balbuceos en el arte. Junto a unos paisajes de Joaquín Clau-
sell, junto a una litografía de Orozco y unas flores de José María
Velasco, debió ponerse y no se puso un pequeño conjunto de foto-

grafías de aquel artista que, en su especialidad, merecía sin duda un sitio de honor, más aún en la casa que él levantó sin imaginar que llegaría a ser un precioso museo de arte mexicano, ese arte que él admiró y al cual sirvió con una humildad ejemplar. En el archivo fotográfico del Instituto Nacional de Antropología e Historia y en los fondos de la Escuela Nacional de Artes Plásticas de la Universidad Nacional se conservan colecciones valiosísimas de sus fotografías, trabajo que hoy, a pesar de los adelantos técnicos en ese campo, puede considerarse insuperado gracias a su penetración analítica y al enorme panorama que abarca. Suyas son las fotografías que ilustran la monumental monografía en seis tomos *Las iglesias de México*, realizada hacia 1924 por el Dr. Atl en colaboración con el crítico Manuel Toussaint y el ingeniero Benítez.

Con el correr de los años, el Museo Frida Kahlo no recibió por parte del Fideicomiso del Banco de México las adecuadas atenciones para conservar su contenido y aún acrecentarlo. El creciente prestigio internacional de Frida y de su obra no tuvo en los custodios del museo un eco equivalente.

VI MAESTRA DE JOVENES

En 1942 La Escuela de Talla Directa de la Secretaría de Educación Pública fue convertida en Escuela de Pintura y Escultura. Funcionaba en un viejo edificio situado en el número 14 de la calle de la Esmeralda (casi un callejón). Constaba el tal edificio de un solo cuarto y un patio, ambos muy grandes, donde se habían distribuido de la mejor manera posible los talleres. Los grupos de las diferentes especialidades se mezclaban en una especie de libertad primigenia capaz de curar de un golpe cualquier inhibición. Los planes pretendían renovar la enseñanza del arte, pues según proclamaba la dirección a carga de Antonio M. Ruiz: "El lema de esta escuela se basa en el espíritu actual de reconstrucción nacional y, por ello mismo, es y debe ser estudio y trabajo, factores indispensables para incitar un resurgimiento espiritual de las artes de México." Se integró un cuerpo de maestros con destacadas figuras del movimiento plástico mexicano contemporáneo: Diego Rivera, Manuel Rodríguez Lozano, Germán Cueto, María Izquierdo, Jesús Guerrero Galván, Federico Cantú, Carlos Dublán, Francisco Zúñiga, Feliciano Peña, Fidencio Castillo, Luis Ortiz Monasterio, Carlos Orozco Romero, Agustín Lazo, Rómulo Rozo, Frida Kahlo, José L. Ruiz, Enrique Azaad, y se incluía al poeta surrealista Benjamin Peret. Para estimular al alumnado se daban gratuitamente clases y materiales. El sistema de La Esmeralda (los alumnos no tardaron en dar a la escuela este nombre escueto y funambulesco) se caracterizaba por una total ausencia de rigidez. La relación entre discípulos y maestros era flexible. Se buscaba desarrollar al máximo el poder de iniciativa del alumno. Sistema experimental, un tanto anárquico, del que podían sacar provecho individuos conscientes de su capacidad. A quienes les tocó en suerte tener como maestra a Frida Kahlo recibieron mucho más que una orientación didáctica; se les brindó una manera de vivir, de ser y de pensar muy diferente a la habitual, así como preocupaciones de orden nacional y social, una visión solidaria del pueblo mexicano y, además, un delicioso sentido del humor, populachero y refinado a la vez.

Cuando Frida comenzó a dar clases en La Esmeralda ya se había desarrollado en ella un temperamento extraño y muy particular. Su carácter era fuerte, expansivo y penetrante. Era entusiasta y verídica; podía ornamentar la verdad, inventarla, desmenuzarla; pero jamás la tergiversaba. Era crédula; creía en la gente, en su palabra, en su historia y en sus sueños. Era celosa; celaba sus bienes, sus pasiones, sus odios y también todo lo singular que había en ella. No era humilde ni resignada y por instigación de Rivera había llegado a hacer de sí misma un motivo de culto para amigos y allegados. Si en esa actitud hubo vanidad, capricho y hasta cierta insolencia, jamás cayó en la necedad o en la soberbia; fue un punto de apoyo para su rebeldía ante la desgracia. La influencia de Rivera en su propia creación pictórica era circunstancial, nula en lo fundamental.

Cuando se hizo cargo de la cátedra de iniciación pictórica en La Esmeralda, Frida Kahlo atravesaba un brillante periodo creador. Tras una serie de formidables autorretratos (*Tehuana, Diego en mi pensamiento, Pensando en la muerte*), siguieron los tensos retratos de tres mujeres de la familia Morillo Safa (la madre, Lupita y Mariana), y luego unos símbolos amargos y valientes a la vez (*La columna rota, A mí no me queda ya ni la menor esperanza. . . todo se mueve al compás de lo que encierra la panza*); miniaturas con alardes mágico (*Diego y yo*, del que existen dos versiones); naturalezas muertas con alusiones antropomórficas (*La novia que se espanta al ver la vida abierta*); composiciones freudianocultistas (*Moisés*); dibujos sarcásticos (*El*

*surrealismo es la mágica sorpresa de encontrar un león dentro
del armario donde se estaba seguro de encontrar camisas*). Todo
esto y algo más entre 1943 y 1945.

Creyendo que podría sobreponerse a sus dolencias sin fin,
Frida inició el curso en el inhóspito local de la escuela al numeroso grupo de estudiantes que se habían inscrito en sus clases
atraídos por su fama o por sus ricos e insólitos atavíos de tehuana que arañaban el suelo con sus almidonados olanes de encaje,
o por la rara joyería con la que se adornaba de manera opulenta.
Las tiránicas exigencias de un cuerpo lacerado la obligaron a
volver al encierro del que había tratado de escaparse. Pero la
convivencia con los jóvenes le reportaba una alegría a la que ella
no quería renunciar. Hizo trámites y logró que las clases conti-
nuaran en su casa. La dirección de la escuela apoyó el plan abo-
nando los pasajes de los alumnos que diariamente, de lunes a viernes, viajaban hasta el apartado barrio de Coyoacán. La casa azul
de Coyoacán, con su pulpa y su cáscara, fue el aula maravillosa
para las clases de pintura que Frida Kahlo no pudo dar en el
pobre taller de La Esmeralda.

El grupo que inició las peregrinaciones a Coyoacán era
bastante numeroso; pero las deserciones redujeron su número a
cuatro: tres jóvenes y una muchacha, que se entusiasmaron
fanáticamente con los métodos pedagógicos de aquella maestra
singular. Ellos fueron Fanny Rabel, Arturo García Bustos, Guillermo Monroy y Arturo Estrada; grupo fraternal al que sus
compañeros de generación apodaron *Los Fridos*.

En el patio o en el amplio estudio del primer piso los cuatro
jóvenes pintaban lo que se les antojaba. Las clases eran serias
pero completamente informales. Si alguna disciplina cabía en
ese medio era una disciplina interior, autodeterminada. Frida
Kahlo no fue una maestra en el sentido académico; era una ini-
ciadora, una introductora que lo mismo les hablaba a sus discípulos de empastes o equilibrios que de las corrientes ideológicas
de nuestro tiempo o del valor político del folclor. Con el mismo
arrebato, con la misma empatía señalaba las torpezas en el trazo
que una falsa interpretación de los trágicos episodios de la
guerra que en esos días desgarraba a Europa y al mundo. Con la

misma terquedad les obligaba a retener la letra de un corrido de
la Revolución de 1910 que las sentencias leninistas sobre el arte
y las masas: "El arte pertenece al pueblo. Debe echar sus raíces
más profundas en las grandes masas laboriosas. Debe ser com-
prendido y estimado por esa masa. Debe unir los sentimientos,
el pensamiento y la voluntad de esas masas, elevarlas a un nivel
superior. Debe suscitar y desarrollar artistas entre ellas."

"Formó discípulos —habría de escribir Rivera después de la
muerte de Frida— que figuran hoy entre los elementos más
valiosos de la generación de artistas mexicanos. A éstos los im-
pulsó siempre hacia la conservación y desarrollo de la personalidad en su trabajo y hacia la clarificación social y política de las
ideas." Esto lo escribió Rivera a solicitud del Instituto Nacional
de Bellas Artes en ocasión de una muestra de pintura mexicana
en Lima, Perú.

Rivera no sólo no colaboraba con Frida en la enseñanza artística, ni siquiera se acercaba a ver qué hacían los discípulos. El
tenía su estudio en la vecina colonia de San Angel, cerca pero
lo sufientemente lejos como para evitar las tensiones que provoca el trato continuo entre dos temperamentos hipersensibles.
Los Fridos solían verlo de lejos, en las raras ocasiones en que se
quedaba en Coyoacán, de donde salía habitualmente muy temprano por la mañana para regresar a altas horas de la noche.

Pese a su ausencia física Rivera era el canon, la perfección a la
que debían aspirar los novicios. ¿Y quién era Rivera? Era el más
metódico, el más laborioso, el más informado, el más profesional y el más libresco de los pintores mexicanos. Talento precoz,
con una sed de sabiduría poco común, había ido quemando sis-
temáticamente, con una tenacidad lúcida y científica, las diversas etapas que lo llevaron a un dominio prodigioso de su técnica
y de sus intenciones. Era un fanático del hacer artístico; había
vendido su alma a la pintura (Balzac de los colores) hasta quedar
vacío de sí, desolado de sí, enajenado, repleto de los otros, de
las cosas, ahíto de civilización. Su pintura —eminentemente
expositiva, didáctica, alentadora— no dejaba nada al acaso; no
confiaba en la imaginación del espectador ni en la propia; todo
lo revisaba, todo lo recontaba. (Hay que saber dónde estamos y

de dónde venimos para saber a dónde vamos.) Si representaba un objeto lo describía en sus detalles más definidores; si planteaba una situación hacía que concurrieran en ella las criaturas decisivas para el desenlace; si detractaba en imágenes alguna circunstancia daba inmediatamente la contrapartida exaltando su opuesta. Vigilante rigor racionalista que sólo se permitía la ligereza de algunas humoradas y la licencia poética o sentimental de un panteísmo voluptuoso. En las manos de ese pintor delicadísimo, prolífico hasta lo fenomenal, en los miles de kilómetros cuadrados de pintura al fresco que producía sin descanso, México iba integrando su rostro verdadero.

Para sus grandes composiciones de estructura lógica Rivera utilizaba el clasicismo y su última derivación, el cubismo; para expresar su optimismo panteísta se valía del impresionismo y de su extrema consecuencia, el fauvismo; para relatar historias recurría al naturalismo y a su cláusula más flexible, el folclorismo; para dar tiempo y movimiento a las representaciones se servía del romanticismo y de su instancia retrospectiva, el arqueologismo. Puede decirse, entonces, que Rivera era un artista académico de nuevo tipo, lo suficientemente avanzado como para crear con fórmulas conocidas un arte novedoso, mexicano por su carácter y contenido, universal por su significado.

Seguramente *Los Fridos* no recibieron una explicación coherente de esa gigantesca personalidad; nadie creó para ellos un método de acercamiento sistemático a su genio creador; pero en esa especie de convivencia a la que los había arrastrado la maestra Kahlo fueron asimilando en forma tácita los principios estéticos que habrían de aferrarlos por largo tiempo al realismo riveriano.

Mientras la mayoría de los maestros de La Esmeralda urgía a los estudiantes a terminar rápidamente los ejercicios pictóricos, Frida Kahlo les dejaba encontrar su propio ritmo de producción. Pero cada ocho días, al principio, y cada quince o treinta días más adelante, promovía una crítica colectiva prolija, tendiente a desarrollar, antes que otros, el sentido autocrítico, al que debía sumarse armónicamente un sentido de solidaridad con las clases menesterosas, fortalecido con los fundamentos del marxismo. El imperativo era uno, ineludible: el pintor debía ser útil a la sociedad, un combatiente que por su obra debía ganar posiciones en los primeros puestos de la vanguardia; su pintura debía ser un arma en la lucha de clases. Ideal inalcanzable muchas veces, aun para la misma Frida, quien me había confesado: "Mi pintura no es revolucionaria, para qué me sigo haciendo ilusiones de que es combativa. No puedo." La conciencia de esta ineptitud hacía que nunca pusiera como ejemplo sus propios cuadros; tan sólo ofrecía, a quien pudiera entenderla, la clave mágica de su paleta, que fue consignada por ella en su Diario, entre ilustraciones meditativas o de pesadilla.

Verde: luz tibia y buena.

Solferino: Azteca Tlapalli. Vieja sangre de tuna. El más vivo y antiguo.

Café: color de mole, de hoja que se va. Tierra.

Amarillo: locura, enfermedad, miedo. Parte del sol y de la alegría.

Azul cobalto: electricidad y pureza. Amor.

Negro: nada es negro, realmente nada.

Verde hoja: hojas, tristeza, ciencia. Alemania entera es de ese color.

Amarillo verdoso: más locura y misterio. Todos los fantasmas usan trajes de este color... o cuando menos ropa interior.

Verde oscuro: color de anuncios malos y de buenos negocios.

Azul marino: distancia. También la ternura puede ser de este azul.

Magenta: ¿sangre?, pues ¡quién sabe!

A fines de 1944 los maestros de La Esmeralda organizaron en el Palacio de Bellas Artes una muestra del trabajo de sus alumnos; era la primera exposición de más envergadura que presentaba la escuela y el éxito superó de tal manera las previsiones que muchos de los ochenta y cuatro debutantes entre pintores y escultores (incluidos *Los Fridos*) confirmaron su vocación. Reconocidos *Los Fridos* como un grupo homogéneo, la Escuela de Pintura y Escultura auspició, en una salita de artes plásticas que funcionaba en la calle de Palma, una exposición de sus obras, la cual fue inaugurada el 1o. de febrero de 1945.

Admiradora del paisajismo y de la llamada pintura popular mexicana del siglo XIX, Frida inducía a sus alumnos a ejercitarse en el dominio de los detalles más nimios; era importante también que el ámbito representado fuera amplio, con perfecto dibujo de arquitecturas y arboledas, fidelidad documental en el más insignificante elemento complementario. Los trabajos presentados en la primera muestra de *Los Fridos* respondían a esa tendencia. Podría pensarse que en 1945, en plena vigencia de la fotografía y del cine documental, una preocupación artística de esa índole no sólo era anacrónica, sino retrógrada; juicio que encontraba apoyo en toda la prédica formalista dentro de la estética contemporánea, la cual tendía a considerar el pasado del arte como una opresión de la que era necesario liberarse para lograr el descubrimiento de lo nuevo. Lo que hay que comprender es que el esfuerzo inicial de *Los Fridos* no tendió a lo nuevo; el sujeto de sus inquietudes fue la simpleza y la claridad de los artistas del pasado, claridad y simpleza que ellos también necesitaban para enaltecer las cosas del pueblo. Su aspiración, estimulada por la maestra, era que la gente sencilla se identificara con sus pinturas. Creían que esa identificación podía ayudar a una toma de conciencia de los propios valores en las masas más desprotegidas del pueblo. Además, se dieron cuenta de que era necesario rescatar algunas formas olvidadas o desprestigiadas para lograr un enriquecimiento cabal del arte mexicano del presente. Estaban seguros de que siguiendo esas huellas conquistarían su propia cultura artística y una forma plástica original.

Llegó un momento en que *Los Fridos* comprendieron que necesitaban contactos más amplios que el medio ofrecido por la maestra Kahlo. Había llegado la hora de compartir los problemas y las tareas del arte con su generación. Se unieron a otros estudiantes y constituyeron la unión de los Artistas Jóvenes Revolucionarios. Las primeras actividades del grupo consistieron en exposiciones de alcance popular en parques, mercados y barriadas proletarias. Actividad cultural insólita en la ciudad, no

tardó en llamar poderosamente la atención de muy diversos
sectores del público, más aún cuando en vez del pintoresquismo
habitual en este tipo de exposiciones los jóvenes artistas habían
puesto cuidado en darle alcances sociales y *Los Fridos*, en particular, un alcance concretamente político. Los sitios preferidos
por los jóvenes pintores fueron Coyoacán, Tacubaya, la Alameda Central, Atzcapotzalco, el Bosque de Chapultepec y el Jardín
de Santa María la Rivera. Ponían sus improvisadas galerías los
días de plaza: en Coyoacán los viernes, en Tacubaya los sábados, en Chapultepec los domingos.

Para celebrar el trigésimo quinto aniversario de la Revolución
de 1910, los Jóvenes Artistas organizaron en los jardines de la
Alameda Central la Exposición de Arte Libre 20 de Noviembre.
Para ese festejo tres de *Los Fridos* —Estrada, Bustos y Monroy—
pintaron en equipo un cuadro titulado *Quiénes nos explotan y
cómo nos explotan,* compuesto con base en un esquema dialéctico de las fuerzas que oprimen al pueblo mexicano. El público
muy numeroso que visitó la exposición al aire libre no hizo el
menor reproche al cuadro, ni como obra de arte ni como expresión de un pensamiento político. Pero lo representado en la
obra mereció que manos anónimas lanzaran contra ella una
buena cantidad de ácido sulfúrico que deterioró la pintura.
Hubo un movimiento de protesta. Los jóvenes pintores, apoya-
dos por numerosos artistas de renombre, reclamaron a las autoridades la falta de vigilancia y protección para sus creaciones.
Pedían indemnización, reglamentos a ese respecto, que el
Departamento de Artes Plásticas de la Secretaría de Educación
Pública fijara con su actitud un antecedente. Todo terminó
cuando un fortuito comprador se llevó la pintura pagando por
ella novecientos pesos.

Lo cierto es que el escándalo se había producido porque el
mensaje no dejaba lugar a dudas: tras un altar con la imagen
venerada de la Virgen de Guadalupe emergía el arzobispo que
oraba contrito mientras sus orejas de fauno se ponían tensas
para recibir los consejos del embajador del imperialismo, que del
brazo del capitalista y acogotando al político, susurraba sus
planes contando con el apoyo del militar inescrupuloso que en

una mano empuñaba una daga con gesto criminal, mientras tendía la otra para recibir las monedas que el amedrentado político le ofrecía. El grupo estaba sostenido por las fábricas y las iglesias, de las cuales emergía la masa de obreros y campesinos sojuzgados, muertos de hambre, que acudían a depositar su óbolo en una inmensa alcancía colocada al pie del altar, en cuyo pedestal aparecía el ojo del Santísimo observando los cuerpos desfallecidos de las víctimas de la miseria.

"Es una obra de cualidades plásticas indudables —declaró Rivera a la prensa—, composición equilibrada, forma expresiva, color armónico. Como asunto, es la pintura exacta del estado social de México en 1945. Se trata del *lumpenproletariat* que yace en basureros, agonizante de hambre, suciedad y miseria. Proletariado desnutrido, depauperado y estupidizado por la neurosis religiosa, que deambula entre las fábricas, donde se le explota, y la ciudad roñosa de tan colonial, donde alberga su analfabetismo, dejando (centro de la composición) mucho de lo poco que gana para mantener la gloria del sustituto del ídolo antiguo. Sobre todo esto los explotadores: el arzobispo, el banquero imperialista, el señor de la guerra, que sólo sirve para hacerla contra el pueblo, y el demagogo que disfraza la acción de los otros explotadores. El pueblo no reaccionó contra el cuadro porque siente la verdad de su situación cuando se la pintan clara; el ácido, echado precisamente en la cara del demagogo, proviene seguramente de algún habitante de institución pseudocultural, no importa cuáles sean las iniciales que correspondan a ésta. Acido, compra, etcétera, consiguieron que el cuadro fuera retirado de la exposición antes de tiempo; eso es precisamente lo que querían conseguir todos los guadalupanos e hijos de San Francisco." (De la crónica aparecida en la revista *Tiempo*, diciembre 7, 1945).

Para fortalecer su posición después del atentado, el grupo publicó el 11 de enero de 1946 un manifiesto dirigido "Al pueblo de México", revelador de la euforia socialista que imperaba en el sector más avanzado y activo en la vida cultural. Decía:

"Los pintores, escultores, escritores y grabadores más jóvenes de México nos hemos organizado en un grupo que tiene como fines los siguientes puntos:

"En primer lugar, poner nuestra producción artística en contacto directo con nuestro pueblo, lo que haremos por medio de exposiciones ambulantes al aire libre, en plazas, mercados, jardines y otros lugares.

"En segundo lugar, utilizar el arte, que es nuestro medio de expresión para luchar en contra de todos aquellos bandidos y explotadores que atropellan al pueblo de mil maneras, haciéndole llevar una vida miserable y nada humana, dificultando su libertad y su progreso.

"Y en tercer lugar, nosotros, los artistas más jóvenes de México, nos ponemos al lado de los grandes y verdaderos revolucionarios para seguir luchando por el progreso social, económico y político de México, es decir, que lucharemos con todo empeño por que la vida de México sea, cada vez más, una vida mejor."

Las primeras clases de composición monumental, así como las primeras prácticas decorativas que dirigió Frida Kahlo estuvieron muy lejos de cualquier ortodoxia escolástica. En un arranque de humor, deseando quizá romper, aunque fuera fugazmente, la opresiva quietud de Coyoacán, encontró un buen pretexto en la exhumación de algo que estaba olvidado: la pintura de pulquerías. Puede asegurarse que Frida no pensó restaurar tradición alguna; sólo quería divertirse a su manera y para eso sustituyó una vez más la solemnidad académica, que la aburría hasta el horror, por una pompa dionisíaca y juguetona que tendría como pretexto las paredes exteriores de la pulquería *La Rosita*, situada junto a la residencia que ocupaba en Coyoacán el destronado rey Carol de Rumania.

Para Rivera y su más cercano discípulo, el arquitecto Juan O'Gorman, la pintura de pulquerías era una creación artística genuina del pueblo, gracias a cuya práctica había arraigado en México la tradición del fresco. En forma exaltada Rivera y sus seguidores oponían al gusto por lo cursi y sensiblero de la burguesía mexicana, la espontánea picardía, la fuerza irónica de los

murales con que pintores anónimos habían decorado las paredes
de los expendios de pulque, esos recintos donde los mexicanos
sueñan, juran, añoran, confabulan, confiesan, chillan, mueren o
comienzan a vivir. Consideraban que la prohibición de pintarlas
era un triunfo de los europeizantes deformadores del carácter
nacional. Juan O'Gorman era de los que sostenían que el más
atrasado de los mexicanos jamás renuncia al goce estético
porque es en él una función vital, tanto o más urgente que cualquiera otra; que si los adornos desaparecían del muro el pulque
le sabría diferente al parroquiano, que si las paredes volvían a la
simple condición de tabique separatorio faltaría el catalizador
para encadenar las expansiones.

Por su parte, José Clemente Orozco, cuyos primeros gara-
batos muralísticos habían tenido lugar justamente en las paredes
de un café-cantina, se congratulaba de que las transformaciones
sociales hubiesen acabado con esa y otras expresiones que él
consideraba propias de un pueblo atrasado y envilecido.

El movimiento de revaloración de la pintura de pulquerías se
había fortalecido. En un esfuerzo por restablecer las decoraciones, Juan O'Gorman pintó entre 1926 y 1927 las paredes de
cinco pulquerías. Lo cierto es que la provocada decadencia de
las pulquerías marca el comienzo del ascenso industrial de México. Quizá por eso Orozco, amante de un progreso radical, dejó
estampada la más rotunda de las negaciones: "Entre 1924 y
1926 —escribió en su *Autobiografía*, redactada a pedido del
periódico *Excélsior*— apareció la patraña de la pintura de pulquería, expresión sublime del genio plástico del pueblo mexicano, poderosa e inmortal creación de una raza cósmica, convul-
sión telúrica, trasunto de cosmogonías ancestrales y aliento de
los dioses, etcétera. (...) Las pobres pinturas de pulquería han
desaparecido todas sin dejar huella, no precisamente a causa de
convulsiones telúricas, sino por estar pintadas con engrudo y
cola. Hace unos días ví todavía por la colonia San Rafael una
pulquería que se llama *Los tigres*, y sólo por el nombre podría
suponerse que quisieron pintar tigres. Eran más bien perros
sarnosos, sin gracia ni originalidad ninguna. Es inútil buscar por

la ciudad las demás creaciones plásticas de pulquería del pueblo mexicano. No queda una sola."

Los muros de *La Rosita* le sirvieron a Frida para la práctica de pintura mural que estipulaba el programa oficial de la escuela; sólo que su fantasía la llevó a rodear esa práctica de una graciosa reconstrucción de época en una mezcla soberbia de pedagogía moderna y compromiso comunitario. Los alumnos, que para esa insólita clase aumentaron intempestivamente de cuatro a dieciséis, presentaron proyectos muy ajustados a la tradicional pintura de pulquerías. Las composiciones que se eligieron, por tema y estilo, se ligaban a la iconografía que caracterizó la producción de las Escuelas al Aire Libre: representación idílica de escenas campesinas, complementadas con elementos decorativos de formas vegetales. Esto último parecía derivación de las enseñanzas de Adolfo Best Maugard. Rivera les dio a los novatos muralistas algunas orientaciones técnicas y, animados por Frida, los estudiantes se empeñaron en una pintura minuciosa, de precioso acabado, que enaltecía a la familia campesina en sus labores y sus hábitos domésticos.

La inauguración de los murales de *La Rosita* puede considerarse el acto más puramente surrealista que haya ocurrido en México. El día señalado, desde muy temprano, por plazas, mercados y calles de Coyoacán se repartió un volante que decía: "Hoy, sábado 19 de junio de 1943, a las 11 de la mañana, grandioso estreno de las pinturas decorativas de la Gran Pulquería *La Rosita*." Apadrinó el acto el pintor Antonio M. Ruiz, director de La Esmeralda. Hubo cohetes, bombas, globos, confeti, juegos pirotécnicos, banda de mariachis, desfile de personalidades desde la casa de Frida hasta la pulquería; se sirvió una suculenta barbacoa rociada con los mejores pulques que se trajeron especialmente de las haciendas de más prestigio. En el momento culminante el alumno Guillermo Monroy entonó el corrido que había escrito especialmente para la ocasión:

Para pintar *La Rosita*
mucho trabajo costó.
Del arte de pulquería

la gente ya se olvidó.
Doña Frida de Rivera,
nuestra maestra querida,
nos dice: Vengan muchachos,
yo les mostraré la vida.

Amigos de Coyoacán,
si se quieren alegrar,
La Rosita les da gusto,
¡miren qué bonita está!

Yo no quiero emborracharme
ni mirar bizco ni doble,
sólo quiero estar alegre,
¡que ése es el gusto del pobre!

Hasta entrada la noche se cantaron las más hermosas canciones populares y revolucionarias. Frida Kahlo no fue la "esfinge nocturna", sino la alegría a pesar de todo, en plena calle, rodeada de alumnos, amigos y vecinos del lugar.

Pintadas al óleo, sin muchos miramientos, las decoraciones a la intemperie, en los muros exteriores de *La Rosita* duraron mucho más de cuanto hubiera podido preverse. Pero en 1952 Frida consideró que había llegado el momento de renovar la decoración y acudió para ello a los ayudantes de Rivera en el relieve monumental del estadio de la Ciudad Universitaria, entre los que se encontraban dos de *Los Fridos*: Arturo García Bustos y Arturo Estrada. Se cambió la técnica de óleo por la de fresco, y como la repintada se hacía para celebrar los sesenta y seis años de Rivera, se decidió representar los sucesos sentimentales más comentados del momento y que en cierta medida provocaban los celos de la maestra Kahlo. Fue ella quien eligió a la actriz María Félix, a la poeta Guadalupe Amor y a su propio marido como los personajes centrales de la composición *Amamos la paz y el mundo de cabeza por la belleza*, donde ella misma tenía papel protagónico.

La segunda exhumación de la pintura de pulquerías por un

grupo a las órdenes de Frida sirvió para ejercitar de manera compartida el sentido de humor, humor complejo, negro a veces, siempre con inventiva para la sátira y con algún tinte de melancolía.

La inauguración de los murales de *La Rosita* en la segunda versión fue tanto o más sonada que la primera. La periodista Rosa Castro, quien participó en esta celebración, evocó años después los entretelones, el revés de la trama. En el periódico *El Día*, en su columna "Galería del Mundo", escribió Rosa el 19 de julio de 1966: "Frida hablaba de sus males como quien se refiere a una retorta con un extraño animal adentro que se resiste y resiste al fuego. Aquellos corsés que llevaba, ¡ay!, de metal, de cuero, de yeso, que ella se distraía en pintar con violeta de genciana, con mercurio-cromo, que tachonaba con espejitos de danzantes y pegaba con plumas de colores a la altura del pubis. Aquellos corsés de Frida Kahlo, que para colocárselos había que colgarla de un grueso cable pendiente de una viga en la habitación de la casa. Aquellos corsés que tanto la torturaban, ¡cómo los recuerdo! Y cómo recuerdo bien la tarde aquella; caía la noche cuando decidió quitárselo. '¡No más!', había dicho, y sin el corsé, sin el sostén de su frágil columna, se fue, se lanzó a la calle a una posada pública para celebrar la inauguración de pinturas suyas en una pulquería cercana a su casa en Coyoacán.

"Yo la esperaba en la casa. Entre mil gentes. ¿Mil? Tal vez más. Se multiplicaban por todas partes: por los jardines, entre los objetos arqueológicos, por la pirámide, bajo la inmensa bugambilia de la terraza, en las habitaciones de las calaveras de Colima, en la de los retablos y en la suya propia, que ese día me pareció alucinante, espectral y grotesca: de las vigas del techo colgaba una multitud de grandes judas, a medio metro de distancia entre sí, de frente y de lado, y todos ataviados con ropa de Frida y de Diego; de aquellas faldas plisadas y pantalones salían piernas de cartón y papel en continuo movimiento, pues eran separadas por quienes pasaban por la habitación. Y allí estaba su lecho, aguardándola, con sus cuatro columnas negras que sostenían una especie de capacete de espejo.

"Un griterío en la calle nos llevó a la puerta, el gran portón de la entrada. ¿Cómo describir aquello, aquel cuadro que hacía juego con la alucinante habitación? En primer término venía Frida, el cabello suelto, tambaleándose, excitada, los brazos en alto. Siguiéndola, una muchedumbre que gritaba, cantaba, reía y chiflaba. Entre la polvareda que levantaban y la oscuridad que por instantes se acentuaba, aquello parecía una loca rebelión funambulesca de seres inventados por la propia Frida. Ella llegó con dificultad hasta el portón gritando: ¡Nunca más! ¡Nunca más, pase lo que pase! ¡Nunca más!"

¡Qué enorme disciplina espiritual la llevó a sobrepasar su propia situación, su concreta realidad, el límite racional de su condición física y de su estado de ánimo! En un golpe de ingenio mezcló muralismo y folclor en una mascarada que tenía una tremenda carga de sugestiones. Surrealismo en estado puro, sin rebuscamientos de escritorio, sin estreñimientos intelectuales. Aquello fue un "acto" surrealista donde la pintura propiamente dicha ocupó un lugar secundario. Si muchos cuadros de Frida perduran por una excepcional calidad, el mural *Amamos la paz y el mundo de cabeza por la belleza* tuvo la categoría ligera que correspondía al juego, al golpe de dados que tanto entusiasmaba a Mallarmé.

Después de la primera práctica mural —acción muy instructiva para quienes supieron balancear los valores que se pusieron en juego— la maestra Kahlo les consiguió a *Los Fridos* los muros de unos lavaderos públicos levantados por el esfuerzo de un grupo de humildísimas lavanderas en medio de unos baldíos de Coyoacán y a los que habían puesto por nombre "Casa de la mujer Josefa Ortiz de Domínguez". Posteriormente este nombre fue cambiado por el de Ana María Hernández.

El asunto que desarrollaron *Los Fridos* en los tres muros de los lavaderos era la vida y pasión de las mujeres que concurrían a ellos diariamente: madres solteras o viudas, mujeres abandonadas, esposas que debían responder a todas las necesidades de un hogar deshecho por el vicio, muchachas huérfanas y desamparadas. Para enaltecerlas en su amarga condición social *Los Fridos* se apegaron a una estética

realista socialista: causas y efectos, exposición de motivos y mensaje. Para superar tu actual condición, cuyas causas
objetivas exponemos gráfica y claramente ante tus ojos
—parecían estar diciendo con las pinturas— debes luchar con
toda tu conciencia, junto a tus iguales, tomando por ejemplo a
las preclaras mujeres de la historia patria, con el fin de acelerar
el cambio de la sociedad en que vives. De tu voluntad depende
tu dignidad y debes ser optimista, porque si algo has conquistado hasta el presente, gracias a tu sentido de solidaridad
humana, mucho más conquistarás en el futuro gracias a tu adhesión a un programa político.

En 1944, debido a la publicidad que habían obtenido las
pinturas de la pulquería *La Rosita*, Frida recibió el encargo de
decorar los salones para banquetes matrimoniales del hotel
Posada del Sol. Imposibilitada para realizar el esfuerzo físico
que demanda la pintura mural, consiguió que el señor Saldaña
Galván, dueño del hotel y amigo suyo, pasara el encargo a los
discípulos. En la época de esos frescos terminó para *Los Fridos* el
periodo escolar. Algunos recibieron en La Esmeralda el pom-
poso título de "Trabajador de las artes plásticas-Artista pintor",
que no servía para casi nada. El grupo de *Los Fridos* se disolvió.
La tutela de Frida Kahlo había llegado a su fin. Pero el afecto
no sólo persistió, sino que se hizo más pofundo a medida que
los pintores fueron madurando. Buena prueba de ello es el
retrato de Frida muerta que Arturo Estrada presentó en su
primera exposición individual del Salón de la Plástica Mexicana,
en junio de 1955. La introducción que Diego Rivera escribió
para el catálogo está impregnada de un dolor no superado.
Juega con las palabras, especula sobre la muerte y añora la
ausencia de aquella a la que él nunca se hubiera atrevido a representar sin vida.

"La tragedia de Arturo Estrada —decía— es la nuestra, es la
tragedia implícita bajo la luz, el color radiante y las flores maravillosas e ingenuas, porque la más reata, amable y chistosa de
nuestras amigas es la calaca, catrina o pelada, y desde niños
mordemos calaveras de azúcar, y cuando adultos acostumbrados
estamos a velar muertos con cabezas de cerillos. Y cuando

ocurre nuestra tragedia, mientras más honda, profunda e irreparablemente atroz, la recibimos con maravillosos adornos florales, la acompañamos con músicas y cantos y después del esplendor del gran fuego bailamos, comemos y bebemos nuestro dolor por el fin del amor insustituible. Y entonces nuestra amiga la calaca se disfraza de la más bella de las diosas mujeres, nos toma del brazo, y con su caricia inigualable ayuda a nuestro dolor para que nos consuma lentamente y que Coatlicue, omnipotente, presente e indivisible, envuelva todo y todo lo que crea devore, bajo la gloria de la luz, de la sonrisa y la belleza, rodeada de flores, como en la vida-muerte de Frida Kahlo, obra maestra del discípulo que la amó y fue amado, con todos los otros y con la Justicia y la Paz, quien pintó de Ella uno de los más bellos cuadros que se han producido en México."

Pese al patetismo de la sindéresis de Rivera, hipersensibilizado por la pérdida del gran amor de su vida, el *Retrato de Frida Kahlo muerta*, hecho por Arturo Estrada, posee cierto acento risueño, o por lo menos antitétrico. Frida aparece rodeada de flores silvestres, como una bella durmiente que hubiera hallado por lecho una gran batea de esas que desde tiempos remotos fabrican y decoran vistosamente los indígenas de Uruapan.

Para la segunda exposición individual de Arturo Estrada, presentada en el Salón de la Plástica Mexicana en julio de 1958, la muerte invocada por Rivera había acudido a la cita. Por eso uno de los veintiocho temples era el *Retablo de Diego Rivera*, donde el cadáver del pintor reposa entre alcatraces en un rincón de su estudio, junto a los gigantescos judas de Carmen Caballero, los cuadros inconclusos y las figuras de los dioses antiguos que parecen estar llorando su muerte.

Debido a que la última voluntad de Rivera no fue respetada, sus cenizas no se confundieron con las de Frida en la casa de Coyoacán. Guadalupe y Ruth Rivera Marín, las hijas de Diego, y su mujer legal a la hora de su muerte, Emma Hurtado, le negaron el "descanse en paz" que él había elegido. ¿A qué obedeció esa actitud de sus hijas? A un egoísmo pueril, a una falsa medida de las cosas. Su vanidad se complacía más sabiendo a su padre en la Rotonda de los Hombres Ilustres del Cementerio

Civil de Dolores. Quizá pensaron que con un homenaje impreg-
nado de prosopopeya tradicionalista, de respetabilidad burguesa, impondrían a Rivera, póstumamente, una personalidad que
no era la suya. Se justificaron las alteraciones diciendo que el
acto tenía carácter nacional. ¿Qué, siendo como era, pensando
como pensaba, haciendo lo que hacía, Rivera no hubiera mereci-
do el homenaje de la nación? Si de eso se trataba hubieran tenido
que inventarle al artista una biografía y alterar el contenido de
su obra más importante, porque tanto una como otra responden
íntegramente a una ideología que si se hizo presente en el homenaje póstumo fue a pesar de los familiares y de las autoridades
que lo planearon y vigilaron para evitar que se volviera a repetir
el escándalo que se provocó cuando Diego Rivera, en el velorio
de Frida en el vestíbulo del Palacio de Bellas Artes, cubrió su
féretro con la bandera del Partido Comunista Mexicano. El
escándalo culminó con la expulsión del director del INBA,
Andrés Iduarte, por no haber impedido que la bandera de los
comunistas figurara en un acto luctuoso que transcurría en un
recinto oficial.

Las burdas tergiversaciones que se desataron a la muerte de
Rivera provocaron muchos comentarios. Se decía que Guadalupe Rivera no quería molestar su carrera política en el Partido Revolucionario Institucional; se decía que el Instituto Nacional de
Bellas Artes había amenazado con una estrategia de indiferencia
respecto a Rivera y a su obra si en el programa luctuoso se
incluían oradores del Partido Comunista Mexicano. Las autoridades pudieron ejercer todo tipo de presiones; en manos de sus
familiares, de sus íntimos o de sus allegados estaba hacer cum-
plir su última voluntad y debieron hacerlo, olvidando sus egoís-
mos pequeñitos, dándole al amor esa trascendencia de respeto
ideológico que Rivera merecía como luchador, como artesano
genial, como hombre altruista y generosísimo.

Diego Rivera fue un marginado de las reglas estructuradas por
la sociedad en la cual le tocó vivir. Para él —como para García
Lorca— la vida no era "noble ni buena ni sagrada", tan sólo era
hermosa, y el epílogo acorde a esta sentimentalidad panteísta
debió ser el fuego, ese fuego que había carbonizado los huesos

de Frida, otorgándoles una brillante y aguda belleza que Diego trató de aprisionar en un dibujo. En el crematorio del Cementerio Civil de Dolores, con desconcertante ternura, teniendo junto a él al general Lázaro Cárdenas, Rivera sacó una libreta de apuntes y fijó la aparición deslumbradora del esqueleto de Frida abrazado por las llamas.

Rivera había pedido —verbalmente y por escrito a su hija Ruth— que a su muerte se le incinerara y sus cenizas se mezclaran con las de Frida en la olla que él mismo había llevado al crematorio de Dolores, amorosamente envuelta en un paño rojo, el 14 de julio de 1954. Aquel día, ante numerosos testigos, mientras iban derramando en el recipiente las cenizas de la que fuera su gran amiga, su gran amor, su gran pesadilla, su gran angustia, su gran fiesta, dijo:

—No tardaré mucho en unirme a Frida; desde hace tiempo guardo esta vasija que contendrá nuestras cenizas.

Esa olla de barro, antigua y pesada, estuvo en Coyoacán sobre la cama en la que Frida vivió, pintó y murió. La directora del Museo Frida Kahlo, Dolores Olmedo, la mandó retirar porque asustaba a los turistas norteamericanos. La cama está en lo que por muchos años fue un recibidor y donde Frida, después de la amputación, pidió que la pusieran para poder contemplar el jardín, creado por Rivera, donde el salto de agua de la fuente ponía algún ruido, alguna música, algún movimiento a la agobiante quietud. Allí debió estar Diego para siempre junto a Frida, entre los perros pelones, los retablos, las bolas de vidrio, los jades, las muertes vestidas de tehuanas o de obreros, entre canastas y cajones repletos de dibujos y proyectos suyos. Juntas las cenizas de Diego y Frida hubieran vigilado —ahí sí, solamente— esa casona que en vez de ser un recinto melancólico debería convertirse en un museo tan vivo como un museo puede ser. Entonces una frase del Diario hubiera alcanzado un significado pleno y definitivo: "Mi Diego, ya no estoy sola, tú me acompañas, tú me duermes y me avivas."

VII DESPUES DE LA MUERTE

Difícil hubiera sido suponer que podrían reunirse en un mismo salón obras de Remedios Varo y Machila Armida, de Celia Calderón y Lucinda Urrusti, de Olga Costa y Alice Rahon, de Andrea Gómez, Leonora Carrington y Fanny Rabel. Pero el viernes 13 de julio de 1956 todas ellas y muchas otras, hasta sumar cuarenta pintoras, escultoras, grabadoras y fotógrafas, se reunieron en la galería de Lola Alvarez Bravo en la calle de Amberes 12, para rendir un homenaje a la artista mayor que había dado México: Frida Kahlo. El acto inaugural tuvo algo de fiesta triste. Era festejo porque no se podía evocar a Frida sin festejarla, y había tristeza porque los allí reunidos —escritores, actores, bailarines, científicos, pintores— eran en su mayoría amigos que la habían amado y admirado.

En una sala especial fueron colocados cuatro cuadros de Frida que no habían figurado en su única muestra individual en México, realizada también ahí, en la galería de Lola Alvarez Bravo. Para situarlos en el ambiente habitual a su autora, los cuadros fueron rodeados de judas, calaveras, ídolos, retablos, papeles recortados. En medio del conjunto destacaba una *Quebrada de Acapulco*, ensueño arqueológico que Rivera había pintado en la casa acapulqueña de Dolores Olmedo el 7 de julio, cuando Frida hubiera cumplido cuarenta y nueve años de edad.

Ese 13 de julio de 1956 se habló de Frida. La doctora Paula Gómez Alonso se refirió a su fortaleza y a su capacidad de amar.

Andrés Henestrosa leyó una descripción de la casa de Frida, escrita por Carlos Pellicer, y después, muy emocionado, evocó la inauguración de 1953. El poeta venezolano Carlos Augusto León leyó un juicio crítico de Luis Cardoza y Aragón y, finalmente, la actriz Rosaura Revueltas leyó algunos párrafos del Diario, ese libro íntimo en el que Frida logró escribir en una forma intensamente parecida a sí misma. Libro que es espejo más que confesión. Frida no reveló ahí secreto alguno; seguramente buscó reflejarse para fijar su imagen, inasible aun para ella misma.

Frida hubiera podido, como Franz Kafka, escribir en su Diario: "Francamente desesperada por mi cuerpo y por el porvenir que me espera con este cuerpo." Pero prefirió, con su peculiar densidad espiritual, decir cosas como éstas:

"¿Qué haría yo sin lo absurdo y lo fugaz? (entiendo ya hace muchos años la dialéctica materialista)."

"Los cambios y la lucha nos desconciertan, nos aterran por constantes y por ciertos."

"La angustia y el dolor —el placer y la muerte— no son más que un proceso para existir. La lucha revolucionaria, en este proceso, es una puerta abierta a la inteligencia."

Como suele ocurrir en los homenajes, se hicieron promesas que nunca se cumplieron:

1. Se solicitó a todas las artistas que presentaran proyectos para levantar un monumento a Frida en la casa de Coyoacán. Ese monumento nunca llegó a realizarse.

2. El grupo organizador —integrado por artistas, amigas y representantes de la Unión Democrática de Mujeres Mexicanas— proyectó realizar anualmente para esas mismas fechas, un salón dedicado a la pintura femenina, tanto de mexicanas nativas como de extranjeras residentes en México. En cada exposición se seleccionaría una obra que habría de conservarse en el Museo Frida Kahlo. Ni los salones de homenaje se llevaron al cabo, ni la sala de las pintoras se han concretado en el Museo Frida Kahlo.

Cuando todos se habían retirado de la galería de Lola Alvarez Bravo, le pregunté a Machila Armida qué significado le otorgaba a los objetos que simbólicamente había encerrado en una caja de cristal con desplante neodadaísta. Machila dijo: "Son las cenizas de Frida, son los pájaros que vienen a ver y están llorando, es su corazón siemprevivo; de las venas se desprende un niño y ella al fin se convierte en una estrella."

ADVERTENCIA DE LAS FUENTES

Este libro se basa en los siguientes trabajos ya publicados de su autora:

- "Conversaciones chilenas. Con el gran mejicano Diego Rivera", periódico *La Prensa*, Buenos Aires, Argentina, 24 de mayo de 1953.
- "Frida Kahlo, artista de genio", periódico *La Prensa*, Buenos Aires, Argentina, 12 de julio de 1953.
- "Frida Kahlo en la pintura y el amor de Diego de Rivera", revista *Eva*, Santiago de Chile, 1953.
- "Los zumbidos", periódico *El Occidental*, Guadalajara, Jalisco, México, 11 de octubre, 1953.
- "Fragmentos para una vida de Frida Kahlo", suplemento "México en la Cultura", del periódico *Novedades*, México, 7 de marzo de 1954.
- "Arturo Estrada frente a sus críticos y a sus maestros", suplemento "México en la Cultura", del periódico *Novedades*, México, 10 de julio de 1955.
- "Carmen Caballero, fabricante de muerte", suplemento "México en la Cultura", del periódico *Novedades*, México, 31 de julio de 1955.
- "Frida Kahlo en el segundo aniversario de su muerte", suplemento "México en la Cultura", del periódico *Novedades*, México, 15 de julio de 1956.
- "Primer Salón Frida Kahlo", suplemento "México en la Cultura", del periódico *Novedades*, México, 22 de julio de 1956.
- "Tenía derecho a su muerte", revista *Paralelo*, México, diciembre de 1957.
- "El Museo Frida Kahlo en el quinto aniversario de su muerte", suplemento "Papel Literario", del periódico *El Nacional*, de Caracas, Venezuela, 16 de julio de 1959.
- "Frida Kahlo, maestra de pintura", suplemento "Diorama de la Cultura", del periódico *Excélsior*, México, 7 de agosto de 1960.
- *Arturo Estrada y sus caminos en el arte mexicano*, folleto del Instituto Nacional de la Juventud Mexicana, México, 1961.
- "Murió Cristina Kahlo", revista *Política*, México, 15 de fe febrero de 1964.
- "Epoca moderna y contemporánea", de la *Historia general del arte mexicano*, Editorial Hermes, 1964.
- "Frida Kahlo en los Estados Unidos", revista *Política*, México, 1o. de noviembre de 1965.

● "Surrealismo histórico", revista *Política*, México, enero 1o. de 1967.

● "Cuando los judas no dan color", "Magazine Dominical" de *Excélsior*, 2 de marzo de 1969.

● "Frida Kahlo en sus sesenta años: fantasía y realidad", revista *Calli*, núm. 47, marzo-abril de 1970.

● "¿Fue Frida Kahlo una pintora surrealista?", suplemento "La Cultura en México", revista *Siempre*, núm. 893, México, 5 de agosto de 1970.

● "Frida Kahlo a veinte años de su muerte", suplemento "Diorama de la Cultura", periódico *Excélsior*, México, 14 de julio de 1974.

● "Die Kulturpolitik der Cárdenas-Regierung: 1934-1940", artículo para el catálogo de la exposición "Kunst der Mexicanischen Revolution-Legende un Wirklichkeit", organizada por la *Neue Gesselschaft für bildende Kunst*, en Berlín Occidental, noviembre-diciembre, 1974.

● "Revive el interés por Frida Kahlo", revista *Nonotza-IBM*, núm. 12, octubre-noviembre-diciembre, 1977.

● *Frida Kahlo: crónicas, testimonios y aproximaciones*, Ediciones de Cultura Popular, México, 1977.

● *"Frida Kahlo y los veneros de su pintura"*, suplemento *La semana de Bellas Artes*, Instituto Nacional de Bellas Artes, núm. 2, diciembre 13, 1977.

● "Evolución del autorretrato", revista *Proceso*, núm. 65, enero 30 de 1978.

● *Frida Kahlo*, Verlag Neue Kritik, Frankfurt, República Federal Alemana, 1980.

● "La verdadera edad de Frida Kahlo", revista *Proceso*, 13 de julio de 1981.

● "El Moisés de Freud en versión de Frida Kahlo", revista *Proceso*, 30 de agosto de 1982.

INDICE

30 - 3 - 1985
3 000 ejemplares
Impresora Castillo
Fresno No. 7, Iztapalapa